牛津◎著

天津出版传媒集团

天津人民出版社

图书在版编目（CIP）数据

谈话高手 / 牛津著 . -- 天津：天津人民出版社，
2021.3
ISBN 978-7-201-17097-8

Ⅰ . ①谈… Ⅱ . ①牛… Ⅲ . ①口才学—通俗读物
Ⅳ . ① H019-49

中国版本图书馆 CIP 数据核字 (2020) 第 272151 号

谈话高手
TANHUA GAOSHOU

出　　版	天津人民出版社	
出 版 人	刘　庆	
地　　址	天津市和平区西康路 35 号康岳大厦	
邮政编码	300051	
邮购电话	（022）23332469	
电子邮箱	reader@tjrmcbs.com	

责任编辑　王昊静
装帧设计　尧丽设计

印　　刷	唐山市铭诚印刷有限公司	
经　　销	新华书店	
开　　本	880 毫米 ×1230 毫米　　1/32	
印　　张	6	
字　　数	122 千字	
版次印次	2021 年 3 月第 1 版　　2021 年 3 月第 1 次印刷	
定　　价	42.00 元	

序
PREFACE

塑造形象，从改变你的说话方式开始

前几天坐地铁的时候，无意中看到一位面容姣好的女子，这女子皮肤白皙，五官精致，一袭黑发垂肩而下，外形绝对99分。这时地铁进站停车，因为是换乘车站，所以进进出出的人很多。很不巧，一位学生模样的女孩被身后的人一挤，正好踩了那女子的脚。女生急忙赔礼道歉，没想到那女子突然性情大变，十分恼怒地说："你瞎呀！没长眼睛啊？"

靓丽外貌带来的好感瞬间荡然无存，短短一句话彻底暴露了她的教养。日常生活中这样的例子比比皆是，人们往往太过在乎外貌的保养和修护，却让自己内在的形象蓬头垢面，让人不忍直视。

蔡康永说："你说什么样的话，就是什么样的人。"话语里藏着你最真实的模样，你嘴上所说的人生便是你的人生。"好的""没问题""我可以""一定会有办法的"……每天都让自己生活在一种积极的状态中，即使遇到了困难也会渡过难关。相反，每天都嚷着"真晦气""太糟了""没办法"的人，运气也会特别糟糕。

很多人都觉得现在是一个"看脸"的时代，殊不知现在还流行以"声"取人。这里的"声"不仅仅指好听的声音，还指好口才。在现实生活中，不管是社交、表白，还是谈判、汇报工作，我们都要通过开口向别人展示自我。一副好口才不仅让人听着舒服，还能让人不由自主地对你产生信任和好感，从而提升你的魅力指数和竞争力。

正所谓"好看的皮囊千篇一律，有趣的灵魂万里挑一"，每一种表达的背后都藏着一个独特的灵魂。可惜的是，大部分人都没有重视过自己的口才形象。你有没有发现，同样说一句话，有的人说出来让人很舒服，而有的人一开口就让人尴尬，甚至让人很不爽。

同样的话语，反馈却不一样，实则是说话方式出了问题。举一个简单的例子，当你向对方讲述一件事情的时候，你会用"你听明白了吗"还是"我讲清楚了吗"作为结尾？虽然看起来两句话表达的意思差不多，但实际上会给听者带去不一样的感受。"你听明白了吗"在听者看来可能带有埋怨、指责的情绪，也就是说把没听明白这件事的责任归到了听者身上。而"我讲清楚了吗"则是说者扮演了承担责任的一方，如果听者没听明白，是说者的责任。所以使用"我说清楚了吗"往往比"你听明白了吗"更容易得到听者的好感和反馈。

当然，这仅仅是诸多说话方式中的一个小技巧，如果你想要掌握更多的说话技巧，学会更多的为人处世之道，那么现在就可以打开本书进行学习了。在这个过程中，你会接触到若干沟通法则，它们能够帮助你形成良好的思维模式和沟通逻辑。

目录
CONTENTS

说话方式的好坏，决定了你的口碑

国学大师季羡林先生曾说："要说真话，不讲假话；真话不全说，假话全不说。"说话是一门大学问，人们常常能从一个人的谈吐看出他的情商、素质和智慧。更重要的是，你的话语里藏着你最真实的模样，你说话方式的好坏决定了你的口碑，所以你想成为什么样的人，得先从改变说话方式开始。

你说怎样的话，就代表你是怎样的人

> 语言最能暴露一个人，只要你说话，我就能了解你。
>
> ——本·琼森《木材，或关于人与物的发现》

　　每个人都有自己的说话方式，什么时候说什么话，间接地反映出一个人的性格特点。比如，如果我们常常把"我"字挂嘴边，别人就很容易觉得我们以自我为中心；如果我们常常说"谢谢"，别人就觉得我们有礼貌；如果我们常常把物质和实际利益挂嘴边，别人就会把我们当成物质主义者；如果我们常常把正能量的事当成谈资，在别人眼里，我们就是乐观主义者……

　　纵然我们骨子里的东西可能和其他人看到的有出入，但这就是别人对我们的既定印象。相信你一定听过"第一印象效应"，有时候，我们仅仅是第一次开口，对方就已经形成对我们整个人的大致判断：或干练，或拖沓，或友好，或难打交道。

如果你说话彬彬有礼，那么你的气质一定不会很差；如果你说话口无遮拦，在某种程度上就是粗鲁没礼貌；如果你说话夹枪带棒，那么就别怪别人埋怨你刁钻刻薄……要知道，你说怎样的话，就代表你是怎样的人。

在电视剧《延禧攻略》中有这样一个情节：太后在圆明园举办放生仪式，其中一只鸟光彩夺目，格外引人注目。大家连连称奇，太后也非常满意。太后问饲养小鸟的宫女魏璎珞这是什么鸟，魏璎珞故意表示这只鸟自己也不认识，猜测它是凤凰，是天降祥瑞。这时纯妃马上说道："满口胡言，圆明园饲养的都是凡鸟，哪来的凤凰？"正当魏璎珞刚要辩解时，舒嫔说："魏璎珞，你好大的胆子啊，这可是欺君之罪呢。"

而当魏璎珞想要证明自己，用锦鲤测天意时，纯妃继续为难道："怎么，你又想找提前准备的假祥瑞？"舒嫔扑哧一声笑了，接过了话茬："太后，您可别上她的当了，您说咱们这么多人被一个宫女欺骗，岂非滑天下之大稽啊，照嫔妃说，就应该拉出去痛打她八十大板，看她说不说实话。"

"太后，这宫女也是为了您高兴，嫔妃斗胆，请从轻发落。"有嫔妃站出来为魏璎珞说话。

当然，也有嫔妃站出来要严惩魏璎珞："从轻发落？要是这样的话，所有的奴才都会效仿献诌媚之道，以后就没有人正经做差事了。"

即使你没看过之前的剧情，凭这短短的几句对话也大致能看出这几位嫔妃是什么样的人。作为演员，要想把角色把握好，最重要的是把握角色的心理，而人物的内心通常是通过说话方式来表达的，飞扬跋扈者从来都是口出狂言，而和善老实之人，说话从来都是和和气气。这就是所谓的"什么样的人就说什么样的话"，同样，反过来也成立，即"说什么话就是什么样的人"。

举一个简单的例子。小曦和男朋友在逛街，突然小曦被男朋友踩了一下。如果小曦说"你要踩死我啊"，那么小曦的性格中多半有一点儿小任性；如果小曦说"你真的踩痛我啦"，那么小曦很可能是个爱撒娇的女生；而如果小曦说"把我的鞋子踩掉，我可赖着不走喽"，这样的小曦就有点儿俏皮可爱。至于小曦会说什么话，完全取决于小曦是怎样的人。

当然，你可能要反驳，比如有些人是刀子嘴豆腐心，虽然言语上有点儿尖酸刻薄，但是内心是善良的。没错，这就是我们说的言口不一的情况。最典型的一个例子是当我们为了掩盖内心的害怕和慌张而故意说谎时，这种情况就出现了。但是如果对方不是足够了解我们，我们的刀子嘴在对方看来就是尖酸刻薄。况且很多时候，别人不是我们肚子里的蛔虫，不能时时刻刻了解我们内心的真实想法，所以最初他们只能通过我们的说话方式来定义我们是怎样的人。因此，我们一定要注意自己的说话方式，尤其是在一些特殊场合或是某个特殊的人面前，一定要好好琢磨琢磨该如何说话。

知识小链接

　　你怎样说话就代表了你是怎样的人，来看看以下几种说话方式，哪种更接近你，你的魅力值是多少。

说话方式	对应性格特征	魅力值
说话不啰唆，非常简洁	性格豪爽开朗，做事果敢干练，很少犹犹豫豫、拖泥带水，非常有魅力	★★★★★
喜欢啰唆，总是废话连篇	性格比较软弱，容易唠唠叨叨，喜欢在鸡毛蒜皮的小事上与别人纠缠不清	★★☆☆☆
说话低声细气	性格相对内向、腼腆，为人处世方面比较小心谨慎，警惕性强，不过待人宽容	★★★☆☆
根据说话对象改变说话方式	八面玲珑，交际能力强，但很难交心	★★★★☆
爱发牢骚、爱抱怨	大多好逸恶劳，遇到困难或发生过失总把原因归结在其他因素上，对他人要求严格，总想不付出就得到回报	★☆☆☆☆
说话慢条斯理，富有节奏感	性格稳健，反应虽然较他人慢半拍，但是在关键时刻做出的决策却很稳妥	★★★★☆
语速快，说起话来像是连珠炮，很难被打断	思维敏捷，自我意识比较强，喜欢支配交谈的进程，言语上有进攻倾向	★★★☆☆

嘴巴比衣着更能代表你的形象

> 言谈是衣着的精神部分，用上它、撇开它，就和戴上或摘下装饰着羽毛的女帽一样。
>
> ——巴尔扎克《十三人故事》

我们经常看到一些人用华丽的衣着装饰自己，可是一开口就拉低了整个人的格调。而如果会说话、拥有一副好口才就不一样了，而这，通过学习是可以改善的。即使你以前很不会说话也没关系，只要勤加练习，就可以像蔡康永那样有魅力、会说话。其次，即使没有华丽的衣着，开口若能让人如沐春风，也会很有魅力。总之，不管怎么看，嘴巴比衣着更能代表一个人的形象。

小菲是公司里的潮流风向标，穿着打扮从来都是紧跟时尚潮流。端午节公司部门聚餐，领导征询大家的意见，大部分人都说想吃火锅。当领导问到小菲时，小菲直接甩脸说："我不喜欢吃火锅啊。"领导听了很不高兴，大家也觉得很扫兴，而且大家觉得小菲有点儿太个人主义了，甚至有些同事在默默嘀咕："穿得好看有什么用，嘴巴笨一样得罪人。"

同样是部门聚餐，小青就表现得很有礼貌："不好意思，我不方便去你们定的餐馆吃饭，因为我们的风俗习惯不同，你们先去吃吧，我自己吃了饭再过去，你们不用担心。"大家一听，这才想起了小青的民族饮食习惯，大家都觉得小青很真诚、很和善，对小青的好感倍增，于是一致决定去回民餐馆吃一顿"特色风味大餐"。

同样是表达拒绝的意思，小菲的直言得罪了领导，让大家也很不舒服，大家进而对小菲产生了负面评价，而小青的委婉说辞则赢得了大家的好感，给大家留下了好印象。

从一个人的外在形象可以大致看出其收入水平，却难以看出其真实的内心。这其中虽有一定的道理却不够准确，那些阅历丰富且有内涵的人，往往更偏向于通过对方的讲话方式来判断其性格特征、品性德行和学识涵养。

语言是思想的外在表现形式，说什么话，是别人判断你是什么人的重要依据，而且嘴巴比衣着更能代表一个人的形象价值。一个很典型的例子是面试，在面试时，同等学历、外形、资历的应聘者，谁的口才好，谁就更有机会赢得面试官的青睐。即使是硬性条件不如别人，优秀的口才也能为自己加分，甚至成为决定整场面试的关键因素，例如在应聘销售岗位时，好口才往往比学历、外在形象更重要。

良好的外在形象能成为你的一种外在优势，但是这种优势不是每个人都具备的。口才就不一样了，一副好口才是人人都可以获得的，只要找对方法，循序渐进，就能使之成为自己的一种优势，无论是在人际交往中还是在职场中，这种优势都会让你受益无穷。

知识小链接

战国时期，齐国有个重臣叫晏子。晏子虽然身材矮小，其貌不扬，但是他思维敏捷，能言善辩。一次，齐王派晏子出使楚国，楚王看到晏子身材矮小，就想羞辱他，于是命人开了一个五尺高的洞，看起来如狗洞一般，叫晏子由此洞进城。晏子说："出使狗国的人才从狗洞进去。"楚人无话可对，只好打开城门，迎接晏子进去。

晏子见到楚王，楚王说："怎么，你们齐国没人了吗？派你这样的人来。"晏子说："齐国人才济济，但有个规矩，上等人访问上等国，下等人访问下等国。因为我是最没出息的人，所以被派到楚国来了。"

晏子的回答巧妙地维护了自己和国家的尊严，也赢得了楚王的尊重。

过度倾诉：活成了祥林嫂般模样

> "我真傻，真的，"祥林嫂抬起她没有神采的眼睛来，接着说，"我单知道下雪的时候野兽在山坳里没有食吃，会到村里来；我不知道春天也会有……"
>
> ——鲁迅《祝福》

祥林嫂是鲁迅先生《祝福》中的一个悲剧人物。祥林嫂是个苦命人，年纪轻轻就守了寡，后来又被婆家卖到山里嫁了人。祥林嫂生了儿子阿毛，生活原本有了起色，可是偏偏丈夫病死了，阿毛又被狼叼走了。接二连三的打击让祥林嫂痛不欲生，祥林嫂开始反反复复地向人诉说儿子阿毛之死的悲惨故事。刚开始的时候，祥林嫂可能也没想到她的故事居然有这么好的"社会效果"，大家都很同情她、安慰她。于是祥林嫂就反复讲她那令人心碎的故事。

但是话讲了一遍，就不是新闻了；讲了两遍，就是啰唆了；而讲第三遍就没有人愿意听了。所以对于祥林嫂的故事，大家很快便听得熟了，连慈悲念佛的老太太们也不再为她抹眼泪儿，以至后来全镇的人几乎都能背诵她的话了，一听到就感到厌烦。

就说话这件事儿来讲，祥林嫂犯了一个很严重的错误——过度倾诉。人们往往对不好的负面情绪有一种本能的排斥，更何况是过度倾诉。在现实生活中总有那么一些人，随意把别人当成自己的情绪垃圾桶，到处向人倾诉，像祥林嫂那样让人感到厌烦。

冬子是强子的高中同学兼大学同学，两个人彼此了解。冬子虽然是个男孩子，但是性格跟个姑娘差不多。最让强子接受不了的是冬子很喜欢向人倾诉，不管是捅破天的大事还是芝麻大点儿的小事，冬子总是喜欢挂在嘴边。

毕业后找房子的时候，冬子遇到了一点儿小挫折——和房屋中介产生了纠纷。冬子把事情的经过讲给强子听。强子很理解，给了他一些鼓励和帮助。不料强子这个善意的举动却给自己带来了麻烦。自此以后，冬子总是把生活中一些消极的事情或负面情绪向强子倾诉，如领导不给批经费、项目没人管、挣得不够花等。强子听得多了自然感到厌烦，开口直言又怕伤了冬子的面子，可是一直忍着不说，自己又被带得很情绪化。更让强子感到诧异的是，他发现冬子不是向自己一个人抱怨，只要是关系近一点儿的朋友或同学，都成了冬子的情绪垃圾桶。

渐渐地，冬子的朋友越来越少，但他没有意识到问题的根本所在，每每遇到事情时还是会像祥林嫂那般向人倾诉。冬子的倾诉对象换了一拨又一拨，该解决的问题还是没有解决，生活也变得越来越糟糕。

在互联网时代，信息的传播速度极其迅速，好像每天都充斥着悲惨的故事。想想我们周围，或多或少都存在着像祥林嫂这样的人。他们在遇到了挫折和苦难之后，特别有倾诉的欲望，逢人便说，恨不得所有人都知道他们的苦，希望人们都理解他、同情他。可是短暂的心理舒爽后，还是要回到现实。于是，有的人就开始通过一次又一次的重复诉苦来缓解内心的痛苦。这就像吸毒一样，让你有短暂的快感，但快感消失后便是更大的空虚。然后就上瘾了，根本停不下来。

祥林嫂式的诉苦，最大的坏处是根本解决不了问题。即便刚开始得到了人们的同情，时间长了也会让人厌烦。祥林嫂式的诉苦还有一个坏处就是会传染。过度倾诉就像一个负能量场，接近的人都会被影响。其实，比较理想的沟通方式是这样的：你说一会儿，我说一会儿，我听你说，你听我说，这样才能达到一种交流的动态平衡，双方都会比较舒服。而如果只是一方一味地倾诉，就会让听的人难受。

知识小链接

当失恋、事业不顺或心情不好时，很多女性喜欢找闺密倾诉，她们觉得这样不仅可以缓解压力、调解情绪，还可以增加闺密之间的感情，但心理学家通过研究发现，女性朋友之间苦水倒得过多，不仅不利于解决问题，还会导致焦虑和抑郁等情绪的产生。

心理学家把过分沉迷和讨论同一个问题的行为称为"共同反刍"，这种行为在女性特别是年轻女性中非常普遍，她们经常聚在一起讨论一些情感问题，比如"为什么他不回信息""我该和他分手吗""男朋友不理我是不爱我了吗"等。这种讨论常常会将女性困在负面的思维模式中无法自拔，从而给她们带来抑郁的后果。而且"共同反刍"行为带有潜在的传染性，会导致负面情绪在女性朋友之间互相传染。

误把说话直白伤人当作真性情

> 大多数时候，标榜自己说话直的人，只是不愿花心思去考虑对方的感受而已。
>
> ——宗萨仁波切

"都多大了，怎么还没有对象啊？""胖成这样，至少130斤了吧？""还在追宫廷剧？太low了！"……如果看到你脸色不对，他们会立马接一句"我这人性子直，你别介意"。如果你继续生气，他们又会说："真是玻璃心，一点儿玩笑都开不起。"

看吧，不论你怎么回复，他们都有理由证明自己是对的，你是错的。然而，事实上他们不过是把说话直白当挡箭牌而已。难道说话直白就可以口无遮拦吗？说话直伤害人也是真性情？

小茜有一个朋友，常说自己是真性情，小茜却不觉得。有一次小茜剪完头发，朋友看到了张口就说："小茜，你这头发剪得像个中年妇女似的。"小茜被噎得不知道怎么回复。

小茜在朋友圈发了一张自拍，大家都夸小茜漂亮好看，朋友直接评论了一句："我发现用了美颜自拍的你，都不像平时的你了，修图技术真好。"小茜快要气炸了，有种想把她拉黑的冲动。

小茜和朋友几个月没见，可是朋友一见面却说："小茜，你不是怀二胎了吧，肚子怎么那么大？"当时还有几个朋友在场，小茜窘迫得说不出话来。

小茜和朋友逛商场，在进电梯的时候，一个人正在吃榴莲披萨，朋友说："榴莲的味道真恶心，不知道为什么那么多人喜欢吃。"小茜有点儿尴尬，同时好担心那个正在吃榴莲披萨的人会一拳头挥过来。

小茜觉得朋友说话直白有点儿过分，朋友却说"我这是真性情啊"。

我们每个人身边都有一些说话直爽、真性情的朋友。我们也很乐意和这类人交往，但是如果把说话直白伤人当成真性情，就大错特错了。比如，生活中有很多人喜欢借开玩笑打击人，喜欢给别人取外号，甚至把取笑别人的短处当成一种幽默。如果看到你生气，他们又会用性子直做幌子："我性子直，说话就这样，你别介意。"

说话直白伤人和真性情不是一回事。说话直白没有问题，因为这是一种真性情的表现。真性情，指的是在做自我的同时兼顾它的原则和底线——善良。而说话直白伤人则不一样，这种只图自己痛快，丝毫不考虑别人感受的说话方式，实实在在会给对方造成伤害。说到底这是缺乏教养或是情商低的表现，很多时候还可以归结到自私的范畴。

其实，每个人生活的环境都不一样，因此有着不同的观念以及生活习惯。学会理解别人，不看低，不嘲弄，是每个人都应该具备的素养。这也就意味着说话直白并不能成为你伤害他人的理由或借口。所以，别把说话直当作口无遮拦、肆意妄为的借口了。

知识小链接

在日常生活中，说话直的人经常会得罪人，但是他们自己往往并不知道，甚至在被对方指出来后还会反驳："我说的都是事实啊！"为什么会产生这种思维方式呢？下面从心理学的角度进行解释。

1. 不会换位思考

有些人在说话时只聚焦于自己所说的事和所思考的问题，很少关注他人，自然也不会关注别人听见这些话时的感受。很多说话直的人的思维模式是这样的："对于同样一件事情，所有人的感受都应该是一样的。既然感受一样，我觉得没事，说出去的话自然不会让对方不舒服。"所以，如果对方因此而感到不舒服，他们反而会很不理解，觉得自己很无辜。

2．情商低的表现

一般来说，一个情商正常的人在说话时会首先观察一下自己所处的场合，然后快速判断出在这种场合说什么样的话会比较合适。但是一个情商很低的人缺乏这种意识，当他处在某个场景中时，环境或人给他造成的影响几乎为0，所以往往一开口说话，就不在点子上，或者说出一些让人尴尬的话。

3．不分你我的心理

一个人与外界沟通的方式最初是由家庭塑造的，所以一个人如果说话直白，那很有可能是因为他的父母说话同样很直。在这样的家庭里，说话直从来就不是个事儿，因为大家都是这么说话的。如果分析其背后的原因，可能是出于一家人不分你我的心理，这样的家庭缺乏一定的边界意识，说话直来直去成了一种习惯。

会说话，可以提升一个人的人格魅力

> 言语之力，大到可以从坟墓唤醒死人，可以把生者活埋，把侏儒变成巨无霸，把巨无霸彻底打垮。
>
> ——海涅《法国的现状》

会说话的人都有一种神秘的力量，或许他不是话最多的那个人，但是只要一开口就能说到你的心坎里；会说话的人都有这样一种能力，他不会让人听得烦躁，反而会莫名吸引你；会说话的人都是高情商的人，他不拆台不揭短，总能把话说得恰到好处，让人舒服。

会说话的人究竟有多迷人？想想《奇葩说》里唇枪舌战的辩论者们，或想想那些主持人的临时救场，抑或想想《中国诗词大会》上主持人温文尔雅的谈吐，就知道了。

近年来，国学热持续发酵，一档名叫《中国诗词大会》的节目火遍了大江南北，看着一位位参赛选手引经据典、妙语连珠，在为他们鼓掌叫好的同时，节目主持人董卿也给大家留下了深刻的印象。

一次在诗词大会上，一位农民大叔来参赛，这位大叔虽然爱了大半辈子诗词，却只读过四年书。在答题过程中，大叔在一个环节出了错，显得有些紧张。这时董卿说："因为那诗啊，就像荒漠中的一点绿色，始终带给他一些希望，一些渴求，用有限的水去浇灌它，慢慢慢慢地破土，再生长，一直到今天。所以即使您答错了，那也是这个现场里，一个美的错误。"短短两句话，既消除了大叔的紧张，又让大叔不觉得难堪。

作为节目主持人，董卿从年年春晚那个漂亮大方的央视一姐，到《汉字拼写大会》《中国诗词大会》，再到现在的《朗读者》，会说话让这个富有内涵的女人越来越有魅力。

亚里士多德曾经说："漂亮比一封介绍信更具有推荐力，也更容易被人们接受。"事实上也的确如此，不论是在职场上还是寻找佳偶时，出色的外表的确是一种竞争力。但是如果一个人徒有漂亮的外表，却不能很好地表达自己的思想，一开口就给人以强大的反差，就会让其黯然失色。

当下流行这样一句话："好看的皮囊千篇一律，有趣的灵魂万里挑一。"一个人的魅力值除了颜值外，与外貌以外的东西也息息相关。试想一下，在日常生活中，我们最喜欢的朋友往往不是最美或者最聪明的那个，而是让我们感觉相处舒服的那个，这其中一个很大的原因就是对方会说话。

当然，我们也会遇到仅仅是拥有好看的皮囊的人，这些人有着光鲜亮丽的外表，通常会引起人们想要了解他们的兴趣，可是等到真正和他们谈话时，才发现对方内在的乏味。然而十天半个月之后，他们就会成为记忆中一个模糊的影子。

所以，会说话和不会说话完全给人两种不同的感觉。一个人说话是否有魅力会直接影响到他是否对他人具有吸引力。而且从另一个角度讲，会说话的人比那些笨嘴笨舌的人更容易让他人看到自己的魅力和价值。这在职场中最明显不过，两个具备同样才能的人，一个人说话笨拙，而另一个人能说会道、出口成章，那么无论是在求职上还是在提拔升迁的机遇中，后者都更容易获得成功。

基于这样的观点，我们有必要学习一些让我们更有魅力的说话技巧，以此来提升我们的魅力值。

知识小链接

通过语言的魅力能够"先入为主"，向对方传递一种感染力和吸引力，所以通过锻炼口才能力来提升魅力值是一种有效的途径。这里我们借助马斯洛需求层次理论来谈谈说话这件事儿。

美国心理学家亚伯拉罕·马斯洛于1943年在《人类激励理论》论文中将人类的需求从低到高像阶梯一样分为五个层次：生理需求、安全需求、社交需求、尊重需求和自我实现需求。

　　而在沟通中，一般人所需要的是自身存在感被确认及自己的价值得以提升，表现为希望被理解、被尊重、被重视、被认同等。这就给了我们一个启发：如果我们想要让别人喜欢自己，在说话时就要从对方的需求出发，给予对方所需要的尊重、认同。

CHAPTER

02

聊天常冷场，可能是因为不会找话题

　　寻找合适的聊天话题是一件比较难的事，而且就算找到了话题，能不能聊得合拍也说不准，毕竟每个人的兴趣点都不相同。所以为了避免聊天冷场，一定要弄清楚聊天对象的基本思维模式，然后用技巧和经验去构建话题。

用冷读法构建话题开场

> 在事先没有准备的情况之下，读取对方的心理，并预言未来的事，这就是冷读。
>
> ——石真语

可以这么说：我们每个人最喜欢探讨的话题就是我们自己。想象一下，如果你发现一个陌生人对你的了解丝毫不亚于你对自己的了解程度，这是一件多么惊奇和有趣的事。你会迫不及待地想和对方聊聊他是怎么做到的。

其实实现这种操作很简单，那就是cold reading（冷读），其中cold有"没有准备"的意思，而reading的意思是"读心"。所以冷读指的是在没有防备甚至在第一次见面时，通过观察对方的言行举止、外貌特征等来猜测对方的心思，从而在短时间内了解对方，从而达到更好地沟通的方法。听起来有些难以理解，来看一个例子。

佐佐正准备到门口的咖啡厅喝一杯咖啡，走出旋转门的那一刻，他看到一个女孩儿，女孩儿一头短发，加上一身碎花服饰，给人一种精致、文艺的感觉。女孩时不时张望，似乎在等人。

"嗨，天气看起来不错。"佐佐过来搭讪。

"还好。"女孩看了佐佐一眼，似乎兴致不大。

"我想一定是因为天气太好了，所以才把我们留在这里等候。"

女孩儿"噗"的一声笑了出来，问："你也在等人？"

"是啊，我在等我的一个同事。我猜你也是在等朋友，但愿不是男朋友。"

"为什么不是男朋友？是因为我没吸引力吗？"女人微笑着问。

"不是，只是我不希望你在等男朋友而已。"佐佐继续说，"你能告诉我答案吗？"

"不是。"

"太好了，我叫佐佐，请问你叫……？"

"我叫恋恋。"

"很高兴认识你，能加你一个微信吗？"

"好啊。"

在整个对话过程中，有两句极具含金量的话引起了恋恋的兴趣，第一句是"我想一定是因为天气太好了，所以才把我们留在这里等候"，第二句是"我猜你也是在等朋友，但愿不是男朋友"。
这两句话其实运用了冷读，前一句佐佐通过天气和天意塑造了一种
叫作"缘分"的氛围，后一句则是根据女孩时不时张望的动作来猜
测对方可能是在等朋友，和自己一样。

由此可知，所谓冷读，其实是一种猜测。当然，既然是猜测，
就不一定准确，比如案例中的女孩儿如果恰恰不是在等朋友，又或
是有男朋友呢？不过这也并不意味着冷读失败了，因为通过冷读成
功打开了话题。因此，我们应该认识到，运用冷读，并不是为了完
全猜准对方的信息，而是通过这种方式来开场，来打开话题。具体
怎么运用，要掌握以下三点。

1. 用冷读者+热捧者的方式开场

如果你去搭讪，一上来就问："你是做什么的？"这样就会显
得没礼貌，而且唐突。如果运用冷读者兼热捧者的方式开场就会好
很多。比如"你讲话很有条理，请问你是从事培训工作的吗？"

2. 从对方身上找话题

一个人的穿着、身材、气质、情绪、动作等都可以作为聊天的
话题。从对方身上入手，运用冷读，是很好的聊天开场。

比如从对方的身体上找话题："身材这么好，一定是常去健
身吧？"从对方的个性上找话题："您这么幽默，我打赌您是双子
座的。"从对方的穿戴上入手："如果猜得不错的话，您的手表是

卡西欧刚出的新款。"从对方的情绪状态入手："看你今天兴致很高，一定有啥开心的事。"

3. 利用周围的道具

如果从对方身上看不出什么，也没什么可聊的，不妨对周围的道具进行冷读。比如案例中佐佐对天气的解读。不过这个技巧有点儿难，需要多加练习。

知识小链接

如果在运用冷读的同时运用"冷读钩点"就更好了。什么是冷读钩点？很简单，钩点是渐渐的，也是最锋利的，所以钩点指代那些极具洞察力或观察力的话。试想一下，在和陌生人的交流中，如果你能在短时间内说出一些有关他本人的极具洞察力的话，他就会感觉你这人很厉害，很懂他。总之，这会让对方产生浓厚的兴趣。

一般来说，在抛出冷读钩点之前，你可以使用如下措辞："直觉告诉我……""我一眼就看出……"或者是"我刚刚注意到……"

聊天的基本模式：上推、下切和平移

> 话题与话题之间仅仅隔着一场梦，解梦者是风。
>
> ——仓央嘉措

在没有话题时，最容易犯的错误就是查户口："在吗？""你是哪里人""你多大了？""工作了吧？"……使用这种聊天模式聊天往往会"死"得很快，甚至还有可能被拉黑。尤其是在男孩子追女孩子时，这种情况比较常见。

其实，这很好理解，当我们面对自己喜欢的对象时，总是想和对方建立联系。但是我们又不知道通过什么话题去切入，所以只好通过这种问问题的尬聊方式去强行建立联系。不过据调查显示，几乎很少有女生对这种尬聊感兴趣。下面我们介绍一种聊天的基本模式：上推、下切和平移。来看下面的例子。

场景一：

A："你平时喜欢做什么？"

B："听音乐，看书，健身。"

A："不错哦，看来你平时一定很注重生活质量吧？"

场景二：

A："你平时都喜欢做什么？"

B："听音乐，看书，健身。"

A："我也喜欢听音乐，你喜欢什么风格的？"

场景三：

A："你平时都喜欢做什么？"

B："听音乐，看书，健身。"

A："听着很不错，那你喜欢游泳吗？"

这是日常聊天中最常用的三种聊天模式。场景一中运用的是上推。上推指的是把对方所讲述的话题进行总结、归纳的一种思维方式。例如场景一中当A说喜欢听音乐、看书、健身时，B说："看来你平时一定很注重生活质量吧？"其实这里面隐藏了这样一种思维模式：喜欢听音乐、看书和健身的人往往是注重生活品质的人。

场景二中运用的是下切。所谓下切，可以简单理解为抓取关键词进而延伸话题。例如场景二中，当A说自己喜欢听音乐时，B接着这个话题讲了下去。

场景三叫平移，这种是最简单的，顾名思义就是转移话题。当对方的话题自己不熟悉或不喜欢时，可以从相关话题入手来转移话题，从而将话题转移到自己熟悉的领域去。

这三种模式是NLP（神经语言程序学）领域中最基本的三种人际沟通模式。不过一次良好的沟通，不是只用其中一种方式即可，而是应该将这三种模式交替使用。以咨询师为例，咨询师往往深谙这几种聊天模式。在面对客户时，咨询师既要通过上推高度概括客户的问题，获取客户的认同，又要通过下切引导客户，帮助客户打开思路。如果遇到僵局，还要运用平移转移话题。

知识小链接

很多男孩在和女孩聊天时都会有这样的体验：选择的话题没错，而且女孩也愿意聊天，可总是聊着聊着就"聊死"了，尤其是当自己说"多喝热水"的时候。

在一项调查中，调查人员询问一些女孩，问她们最讨厌男孩说什么，结果在诸多词语中"多喝热水"荣登榜首。这种情况在恋人之间更为明显，当女孩说肚子痛时，最讨厌男孩说"多喝热水"。为什么会这样呢？

　　其实，肚子痛就要多喝热水是典型的上推思维，与此类似的还有"晚安好梦""早点回家""注意安全"等自我感觉良好的话，都是终结话题的经典模板。其实女孩更喜欢下切思维，她更希望男孩把注意力从问题本身拓展开来，去关心自己的感受。所以男孩在运用上推思维时碰钉子也就不奇怪了。

大脑一片空白？用发散性思维拓展话题

> 他只是太久没与我说话，一时间不知用哪个话题，杂乱无章。
>
> ——亦舒《圆舞》

聊天时大脑一片空白，无外乎两个原因：一个是心态原因，一般这类人跟熟悉的朋友能够聊得很开，一旦遇到喜欢的异性就成了沉默的小羊羔；还有一个原因是本身没什么话题可聊，半天憋不出一句话。

关于心态的问题，只靠嘴上功夫是解决不了的，关于这一点，我们会在本节的"知识小链接"中提及。我们这节主要解决第二个问题——找不到话题。找不到话题可能是肚子里没墨水，也可能是不知道说什么。

场景一：

A："你好，你是哪里人？"

B："我是武汉人。"

A："嗯，我来自北京。"

B："听你口音听出来了。"

A："你什么学校毕业？"

B："武汉大学。"

A："哦，我是北京科技大学毕业的。"

B："你做什么工作？"

A："我做IT，你呢？"

B："我做的是金融。"

……

三分钟之后，结束了对话，因为真的没什么可聊的了。

场景二：

A："你好，你是哪里人？"

B："武汉人。"

A："武汉？武汉臭干子很好吃，还有武汉热干面。"

B："热干面倒是可以，但是臭干子我真心觉得坑人。你是哪里的？"

A："我是陕西的。"

B："陕西啊，陕西凉皮很好吃，还有肉夹馍。"

A："嗯，不过相对于这些，我还是喜欢吃武汉的一些小吃，可能每天吃家乡的东西吃腻了。"

......

场景一明显是那种没话找话，最后陷入尬聊的场景对话。其聊天模式是这样的：抛出一个A话题，尬聊之后砸出B话题，然而发现B话题也没什么可聊的，之后又抛出C话题……最后实在没什么可讲的，干脆结束对话。这类一问一答的聊天方式完全没有把话题发散开来讲，因此气氛很冷。

场景二中，A、B双方都对话题进行了衍生。这种聊天方式得益于发散思维，比如提到武汉，自然联想到武汉的美食——热干面、臭干子。

至于如何打开聊天话题的思维，这里有3个小方法。

1. 拆字法

举一个简单的例子，你给一个很久没有联系的朋友发了一条信息："最近怎么样？"对方回复了这样一句话："你怎么突然想到我了？"这时就可以进行拆字，把这句话拆成"你""突然"和"我"。接着你可以针对这些字、词加以拓展延伸，进行回复。比如针对"我"这个字，你可以回复："没想你，只是想你家的毛毛

（宠物名）了。"再比如针对"突然"这个词，你可以这样回复：
"没有突然啊，昨天吃臭豆腐时还想到你了。"

2. 联想法

所谓联想法，就是把对方说的话进行联想，这样往往能延伸出
很多话题。比如当一个朋友告诉你他在家里宅了一天的时候，你可以
在"宅"的基础上进行联想，比如你可能联想到：宅是一种病——
得治；宅也是一种生活方式；一个当下流行的句子"肥宅快乐×"
（当然，如果不想被暴打一顿，不建议你这么说）；等等。

3. 感受评价法

如果话题本身没什么可以挖掘的，就从感受评价开始吧！人
们在说话的时候往往带有情绪，比如对方说："你怎么不回我微
信？"这里面有埋怨、生气、较真儿的味道，所以你可以回复：
"你这样说话好凶啊。"再比如对方说："刚才以为把钥匙落家里
了。"你可以回复："是不是吓一跳？开锁可是一件麻烦事。"

知识小链接

前面说到一个很有意思的现象：有些人跟自己的好朋友、好哥
们可以聊得热火朝天，但是碰到心仪的女孩就不知道聊什么了。我
们说心态决定状态，说话这件事也是如此。当你和一个心仪的女孩
聊天的时候，你的内心并没有处于一种放松的状态。相反，你可能

满脑子都想着怎么找话题，怎么引起对方的兴趣。这样小心翼翼地怎么能营造出轻松的氛围呢？

这就好比是去参加一次表演，或者去参加一个非常重要的考试，如果一直处于紧绷的状态，很可能不会呈现出一个完美的结果。所以，在交流的过程中，调整好自己的心态是非常重要的。

恋爱中的聊天不是自卑地迎合

> 对于一个没有太多安全感、比较自卑的人来说，恋爱并不是像别人言说的那么美妙，因为她总是在患得患失之中，享受不了爱本身的乐趣。
>
> ——若荷清寒《拾光茗记》

当你鼓足勇气给喜欢的女孩发一条"你在干吗"时，对方没有回复，你心里想着：也许她没看手机。于是你抱着手机一直等。半个小时之后，她依旧没有回你，不过你发现她发了一条朋友圈，你心想：她现在一定登着微信了。于是，立马评论了一大段，然后紧接着给她发信息：你刚才出去了啊。结果女生依旧没回。你又安慰自己：也许对方有事忙呢。结果从上午等到晚上，对方像是把你忘了一般。

这种聊天模式很常见，尤其是在追比自己优秀的人的时候，因为内心价值的不匹配，产生一种自卑的迎合。但是事实上越是进行各种讨好，到最后越发现对方不爱搭理自己。这种操作有点儿类似于被发"好人卡"。

洋洋在一次聚会中遇到了同学的朋友楠楠，在同学的帮助下，洋洋成功要到了楠楠的微信。聚会之后，洋洋友好礼貌地和楠楠打了招呼，然后两个人聊了几句。在之后的日子里，洋洋很主动，除了经常道早安、晚安外，工作期间也时常和楠楠聊天。出于礼貌，楠楠都及时回复了洋洋，洋洋觉得这次可能有戏，于是便开启了追女孩的聊天模式。

洋洋有事没事总是找楠楠聊天，甚至在工作的时候经常发消息。看到楠楠发朋友圈，立马点赞评论，而且评论至少两行。比如看到楠楠晒了一件漂亮的裙子，洋洋便一顿猛夸。就这样过了一段日子，洋洋发现楠楠不怎么搭理自己了，经常是他发一条信息，对方很晚才回复。

洋洋还是像往常一样道早安、晚安，但是不知道楠楠是没看到还是什么原因，很少回复洋洋。所以整个聊天过程很尴尬，经常是洋洋说四五行字，对方说一句说，甚至有时一个字不回。

洋洋有点儿慌了，不知道自己错在了哪里，还不停地追问楠楠，结果楠楠索性不理他了。楠楠在认识洋洋的时候是单身，又有同学的鼓励，所以刚开始的时候是不抵触和洋洋接触的，但是楠楠确实不喜欢洋洋的聊天方式。

其实，很多人都有洋洋这样的疑惑：为什么聊着聊着对方就不理我了？如果分析的话，洋洋犯了两个错误。其一是过分地讨好对方。很多男孩平时除了工作就是工作，遇到自己心仪的女孩当然要好好表现了，所以恨不得把所有好听的话、想说的话都一次性讲给对方听。但是过分讨好反而会给人一种目的不纯的感觉。其二是频繁地找楠楠聊天。洋洋一味地黏着对方，甚至工作时也闲聊，难免给人留下不好的印象。

要想避免洋洋这样的情况发生在自己的身上，和心仪女孩聊天时一定要有自己的态度，不能一味地迎合对方。如果遇到女孩不回信息时，不要刨根问底地问"睡了吗？""人呢，怎么不说话啦？""是不是我说错什么了？"这类问题，而是应该过一段时间再问，例如在第二天问。

另外，也不要过于上赶着跟人说话。如果对方不理你，对你比较冷淡，你还一直说，或者你说了三四句话，别人才冷冷地回你一句，你不但没有生气而且还一直跟人家说。这就是上赶着跟人聊天，给人的感觉就是没话找话，自然讨不到好果子吃。如果是刚认识，就要注意聊天的频率，一周不要超过三回，隔一天聊一次最好。

知识小链接

在谈恋爱时，自卑地迎合对方其实暴露了一个人的心理特征。一般来说，依赖心强的人凡事喜欢依赖别人的反馈，更容易产生迎合现象。其次，自卑也是一个重要原因。不过，这种心理特征是正常的，当一个人要去获得与自己并不匹配的资源时，就会产生自卑式的迎合心理。

那么，怎样才能摆脱这种障碍呢？首先，要丰富自己的内涵，让自己有真才实学，变得足够优秀。其次，要深刻认识到这种糟糕的情况，从说话方式上改变自己。

CHAPTER

03

发言空洞乏味，对方听得昏昏欲睡

你有没有这样的经历：站在讲台（舞台）中央，双腿发抖，舌头像打了结，整个人的状态像一个不倒翁一样摇摆不定。站在台上的你仿佛是一名正在被老师抽查背诵课文的学生，背诵着打腹稿时的空洞片段。不过，即使再糟糕，也不要轻易下结论：我不适合演讲。因为每个人都有机会、有能力去完成一场好的演讲，只是需要掌握一点儿技巧和多加练习罢了。

黄金圈法则：做产品介绍或项目演讲

> 人们对我们的话感兴趣往往不是因为我们讲得有多精彩，而是因为恰巧激活了他们的脑细胞。
>
> ——来自资深黄金圈法则追随者的探讨

高端玩家在推销商品时都是先吸引顾客的兴趣，比如他们会问："您还在为不能随时带充电宝而苦恼吗？""您还在为手机突然没电而发愁吗？"接着他们会介绍怎么做才能解决这些问题，最后他们会推出自己的产品——街电。

在这个过程中，推销员巧妙地运用了黄金圈法则。这一法则非常强大，以致成了苹果公司大量圈粉的黄金法则。现在我们就以手机为例。

一般公司是这样介绍手机的：

What（做什么产品）：我们做了一个手机，有哪些功能，参数如何。

How（具体是怎么做的）：我们采用了精美的制造工艺、互动性友好的设计、与众不同的材料。

Why（为什么要这么做）：我们为什么要做这样一个手机？为了更好的用户体验，为了情怀，所以你要买一部吗？

而苹果公司是这么介绍自己的手机产品的：

Why（为什么这么做）：我们为什么这么做？因为我们做的每一件事，都是为了创新和突破。我们坚信应该以不同的方式思考。

How（怎么做的）：为了达到这一目标，我们在产品设计、工业制造和用户体验上耗费了无数的精力，以使我们的用户获得极致的体验。

What（做的什么）：最终我们做出了这款手机，所以你要买一部吗？

其实内容没什么区别，仅仅是在介绍产品时颠倒了一下顺序而已。但是这么一颠倒，直接圈粉无数。理由很简单，人们并不会对你所做的事情本身产生多大兴趣，人们真正感兴趣的是，你为什么要做这件事，以及你做这件事所体现出来的信仰和价值观。所以，这一颠倒正好获得了用户的认同，与用户在价值观上产生了共鸣。这便是黄金圈法则的奥妙所在。

从案例中我们可以看出，黄金圈法则有三个基本的构架：Why—How—What。其中Why主要讲的是目标、使命、理念和愿景；How主要讲怎么干，即具体的操作方法；What主要说明这件事情是什么，你已经达成了什么结果。

在做产品介绍或项目演讲时，运用黄金圈法则能够给演讲者带来影响力和感染力，能够吸引听众，激起听众的激情。这里举一个实际运用的例子。

假如现在你正在做一款加班签到分享软件，你可以这么介绍产品：

Why：我为什么要制作一个加班签到分享软件？

解决员工问题：方便转给朋友圈的同事及领导看，证明自己加过班。

解决公司制度问题：加班体系更加规范、成熟。

How：该怎么做到？

以用户需求为基础，制作设计方案：使用简便，易于操作。

What：最后设计出的软件是什么样子的？

界面简洁，界面中的信息包括公司名称、用户名、下班时间。为了烘托氛围，界面背景设置成夜晚模式。除此之外，界面中还设置了一些激励性的话语，满满的正能量。

 知识小链接

为什么黄金圈法则能奏效？科学家对大脑进行研究发现，大脑的分区如黄金圈法则一样。大脑最外边是大脑皮层，正好对应

黄金圈法则里的"What"，这一层大脑主要负责我们所有的逻辑推理、分析以及语言功能，比如当我们向别人介绍这是怎样一个产品的时候。

再往里的两部分是我们的边缘脑区，正好对应黄金圈法则里的"Why"和"How"。边缘脑区主要负责我们的情感系统，也主导着我们的行为。对应关系如下图所示：

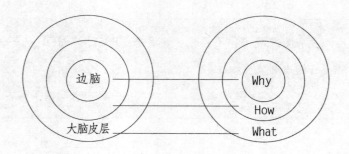

当我们按照What—How—Why的顺序从外往内传递信息的时候，人们的确很容易理解你所说的话，也容易通过大脑皮层进行理性的分析，但是不足以激发行为。反过来，如果我们运用黄金圈法则，从内往外，即按照Why—How—What的顺序传递信息时，人们一开始接收到的信息会直接触动大脑中负责行动的部分，引起情绪共鸣，再让其通过理性分析和比对做出行动就会容易得多。

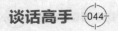

PREP法则：即兴发言的万金油

> 被揪起来发言，不要慌，跟我念"PREP""PREP"······重复三遍有奇效哦。
>
> ——PREP法则通用格言

在一些演讲俱乐部里，会举办"table topics"（即兴演讲）的活动。在活动中，主持人会随机抽取一个题目，并随机抽取一些人进行即兴发言。很多新人在参加这个活动的时候往往把自己弄得很尴尬，因为他们根本不知道如何有效地组织语言。

即兴发言比有草稿的演讲难多了，而且在演讲中占有很大的比例。小到被领导点名发言，大到在成百上千人的舞台上即兴发言，即兴发言占到了演讲中的80%以上。即兴发言最大的特点是没有时间打草稿、做准备，所以需要发言者有敏捷的思维、强大的语言逻辑能力和口头表达能力。

公司例会上，小A很不走运地被老板点名："上个月的销售额下降了，你怎么看？"

因为没有丝毫准备，小A只好随便说说："上个月我们工厂的生产量提升了不少，但是原材料的进货价格涨了，还有我们新建了两个仓库……"兜了一个大圈子，解释了一大堆销售额下降的原因。

老板听得不耐烦了，一拍桌子说："乱七八糟，待会儿来我办公室一趟。"结果毫无意外，小A被批评了一顿。

当需要即兴发言时，许多人会像小A一样，在没有准备的情况下东一榔头西一棒子，想到什么说什么。于是你的发言不到一分钟，就被BOSS喊停，遇到严厉的BOSS还会说："你讲的是什么东西，没内容，没数据，没结论！"

想必你也十分委屈，但是很多时候即兴发言就是这样，很多人都在这方面吃过亏。事实上，如果你仔细观察的话就会发现，在职场上有些人总能出口成章，而有些人永远处在"被骂—重做"的死循环中。这其中的关键就在于会不会即兴发言。

很多人为了提高说话或者演讲能力，去学习各种说话技巧、演讲技巧，但在表达的流畅性上，尤其是临场发挥上还存在一定的问题。美国著名商业演说家博恩·崔西在《博恩·崔西口才圣经》中介绍了一些即兴演讲的方法，其中PREP法则尤为好用。

法则的名字听起来有些唬人，其实简单来说就是我们在写作文时用的总分总结构。PREP四个字母中：P代表 Point（观点）；R

代表 Reason（理由）；E代表 Example（案例）；最后一个 P 还是 Point，就是把刚开始的结论再重复强调一遍。我们来分析一下为什么要用这种结构。

Point：为什么要先说P（观点）呢？这是因为在现实生活中，几乎所有讨论都是为了解决一个具体的事情。而且在某些具体场景中，比如在汇报工作时、辩论时，必须先把自己的观点明确亮出来。因此，在即兴发言时千万不要兜圈子，上来直接亮明你的观点即可。

Reason：观点仅仅是撑起一个支架，要想让你的表达更丰满、更有力量，是需要内容来填充的。所以你需要解释提出观点的理由，让你的观点稳住脚。

Example：几乎所有人都喜欢听故事，而且为了强化观点，你需要一个例子来把你的发言内容形象化，以此增加大家对你发言的理解和记忆程度。

Point：从一开始摆出结论到说完你的理由和案例，已经过了一段时间。听众的注意力有些分散，所以需要重申一遍结论来重新聚焦听众的思维。

接下来我们总结一个模板，只要记住这个模板就能灵活套用："我认为……之所以这么认为，是因为……这就是生活中的例子……所以……"

知识小链接

其实大多时候即兴发言都是被动的，这种突然被"拎"起来的感觉实在不好受，更可怕的是，一下子成了聚光灯下的焦点，有一种在众目睽睽之下被泄露隐私的紧张感。这种不必要的紧张很可能会把你的发言搞砸。

聪明人都会建立这样一种自我认知：上台紧张是一个极普遍的现象。事实上也确实如此，哪怕是世界上最著名的表演者、歌唱家、运动员，也会有这种"怯场"的压力，如果你成了万众瞩目的焦点，却一点儿也不紧张，那么不是你的内心很强大，而是你的身体反应机制很可能有问题。

所以，应对即兴发言最好的方法就是去认识这种普遍现象，并坦然接受它。一旦你这样做了，就能与它和平相处。

演讲的精髓就是讲故事

> 不会说话的人，讲道理；会说话的人，讲故事！
>
> ——刘Sir《思维的精进》

有一个很有意思的现象：公司开例会的时候，很多人选择坐在后排。道理很简单，除了怕被点名发言之外，更主要的一个原因是许多人的演讲实在是太无聊了。一场枯燥的演讲往往会引来听众的无声抗议——睡觉或玩手机。虽然演讲者们用尽了各种办法——悉心的打扮、扎实的内容和精心制作的PPT，试图把观众从周公的手中抢回来，但是结果往往收效甚微，问题到底出在哪呢？常见的问题就在于没有引起观众的共鸣。

专业演讲教练克雷格·瓦伦丁对此有很深刻的理解，他说："你必须吸引观众进入你的故事，让他们闻你所闻，见你所见，感同身受。"的确，所有人都喜欢听故事，尤其是喜欢听那些分享自身经历的故事。

在英语里有个词叫作"aha moment"，多译为"顿悟时刻"。这个表达是由德国心理学家及现象学家卡尔·布勒在100多年前提出的，意思是你在经历或者参与了某个事件之后，突然悟出了一个道理，或是产生了一种突然的情绪，这就叫"aha moment"。而在一场演讲中，把你的经历和感悟的观点一起分享出来，让观众找到那个moment，就能很容易打动观众。

律师布莱恩·史蒂文森曾在TED年度大会上进行了一场演讲。在短短的18分钟内，史蒂文森完全抓住了听众的心神。当演说结束时，听众起立鼓掌的时间刷新了TED的纪录。不仅如此，史蒂文森的演说还为他的非营利机构带来了100万美元的捐助，等于他每演说一分钟，就挣到了5.5万美元。

而在整个演讲过程中，史蒂文森的演讲既没有图片也没有幻灯片，唯一促成他成功的仅仅是占据演讲时长65%的故事。刚开场时，史蒂文森先讲了五分钟的故事。对此他是这么解释的："如果一开始讲的东西太晦涩，离一般人的日常生活太远，自然很难吸引听众的注意力。于是，我把我的一些故事拿出来和他们分享，比如说家人的故事，毕竟大部分人都有亲密的家人。或者我会讲一些自己经历的故事，当然，这些故事他们或多或少也经历过，这样更能引起他们的共鸣。"

为什么听众会被触动？本质是因为产生了共鸣，即从别人的经历中发现了自己的影子，找到了那个moment。虽然每个人的经历都不尽相同，但是在某些细节中很可能有着相似的地方。这种共鸣点的挖掘其实得益于我们的大脑。

在《心理科学》杂志的一篇文章中，华盛顿大学的研究人员做出了这样的解释：大脑中的不同区域会对故事中的内容进行跟踪，并且会主观模拟故事中的事件，从而以此方式对故事进行理解。换句话来说就是，当你讲述故事时，听众会主动在他的个人经历和你所讲的故事之间建立一种情感链接，从而引发情感共鸣。

明白了在演讲中讲故事的重要性，接下来我们就要认真地讲故事。讲故事的前提是得有故事可讲，所以第一件事要收集故事，比如把自己的一些特殊的经历或可以借鉴的故事拿过来进行加工整理。不过，收集故事，心态和习惯大于技巧，需要有日积月累的主动意识。

有了好的故事之后，还需要好的讲述技巧将其表达出来，这就用到了情节设计的"U型公式"，简单来说是这样一个讲述过程：正常状态—遭遇挫折—跌到谷底—奋起逆袭—重获精彩。在这个过程中，你还需要注意以下三个问题。

（1）简单而清晰的背景。演讲中故事的时间、地点、环境先要交代清楚，比如一场15分钟左右的演讲，对背景的描述尽量别超过三句话，否则会显得啰唆。

（2）人物和互动。通常情况下，故事中会有不同的人物角色，要讲清楚"我"与其他角色的互动，这便是故事的情节。

（3）给故事加入细节。在讲述时适当给故事加入细节，不但可以增加故事的可信度，而且能把观众带入你塑造的场景中。比如一些场景细节或者是演讲时的表达细节：注意运用丰富的表情、抑扬顿挫的语调，甚至是肢体语言。

知识小链接

听过相声的人可能都知道，每位相声演员都有自己的绝活儿，都有属于自己的秘密武器。那么演讲也是一样，演讲者的秘密武器是什么？——百搭故事。所谓的百搭故事，指的是无论面对什么样的人群，都能唤起共鸣的故事。

俞敏洪有自己的百搭故事——高考三次失败；马云有自己的百搭故事——"红旗法案"[1]；罗永浩有自己的百搭故事——《我的奋斗》[2]……所以，如果你找到了属于自己的百搭故事，就相当于在上战场前穿上了一副铠甲。无论何时何地何种场合，你都能即时开讲。

---

[1] "红旗法案"，指的是1865年英国议会通过的一部《机动车法案》，是一种戏谑的称呼。"红旗法案"中规定：每一辆在道路上行驶的机动车，必须由3个人驾驶，其中一个必须在车前面50米以外做引导，还要用红旗不断摇动为机动车开道，并且速度不能超过每小时4英里。
[2] 《我的奋斗》是罗永浩的一本励志自传书籍。

用幽默的方式抓取听众的耳朵

> 可以说，诙谐幽默是人们在社交场上所穿的最漂亮的服饰。
>
> ——萨克雷

著名笑星鲍勃·霍普说："题材有出色和平庸之别，但我知道如何通过语言的表达来使普通的话题变成很棒的笑话。"同样一个主题，同样一段话，用不同的语言表述就会有不同的效果。在演讲中运用幽默，即使是普通的演说主题，也能调动观众的情绪；而如果演说者不够幽默，那么本来就平庸的主题会显得更加乏味。

在TED演讲中有一个十分奇怪的现象：最有名气的演讲者并不一定是最受欢迎的，反而说话轻松幽默的人更能讨得人们的喜爱。所以在YouTube网站上，最受欢迎的不是史蒂芬·科拜尔，也不是J.K.罗琳等人，而是擅长幽默的肯·罗宾逊。

　　在一次演讲中，罗宾逊用幽默的方式探讨了一个老生常谈的问题——怎样才能让孩子受到更好的教育。在开场时，他是这么说的："如果你参加一个晚宴，你说你是教育工作者——说实话，如果你真是教育工作者，你很少能有机会出席晚宴。"这时观众立刻大笑起来，没等观众恢复平静，他又抛出了一个笑话，"但是，如果你有这个机会，当别人问'你是做什么的？'而你回答自己是教育工作者时，你会看到他们涨红了脸，好像在说'天啊，怎么让我碰上了，我一个星期才出来一次啊'。"

　　在世界上最鼓舞人心的演讲中，幽默扮演着重要的角色。幽默能调动现场观众的情绪，能为你的演讲加分。不过，前提是你必须学会把幽默自然地融入你的演讲中，同时注意切忌讲那些重复老套或者粗俗的笑话。

　　当然，如果你自认为比较幽默，你会觉得幽默就像RPG（角色扮演游戏）中的一个技能或者武侠小说里的一个招数一样，只要催动内力就能瞬间口若悬河。在平时聊天时你可能会办到，但是在演讲中，你面对的不是一两个人，而是数以百计、数以千计的观众。而且你还要明白这样一个事实：大部分看起来举重若轻的演讲者，在台下都经过很辛苦的准备。

　　新东方所有新老师在入职后都需要写一个叫"逐字稿"的东西。什么叫逐字稿？就是从你进入教室之后说第一句"Hi everyone"都要写下来的备课稿。逐字稿里包括你整节课要讲的一切内容，甚至那些上课讲的笑话、段子，全部要写进去。所以你以为新东方老师的幽默是天生的吗？不，他们都经过了残酷的训练。

当然，这不是说我们一定要追寻这种模式，在每一场演讲中都做一个逐字稿，而是要你知道，幽默是可以培养、训练出来的。你可能会说"我不太擅长讲笑话啊"，没关系，只要你能掌握以下几个方法，在演讲中灵活运用，就能抓住听众的耳朵。

1. 自黑式幽默

制造观众的优越感是演讲中的一个重要技巧。你也可以理解为"自黑式幽默"或"自嘲式幽默"。所谓自黑，无非是放下身段，拿自己开涮。这样做的好处是可以调动现场气氛，拉近和听众之间的距离。

胡适先生有一段"自嘲"式的开场白是这样说的："我今天不是来向诸君做报告的，我是来'胡说'的，因为我姓胡。"话音刚落，听众都大笑起来。

在运用自黑式幽默的时候，可以调侃自己的长相、身材，也可以在名字上做文章，还可以把自己比较尴尬的经历或者糗事拿出来讲一讲。

2. 即兴发挥

我们经常会在演讲中听到一些即兴发挥的段子，并且取得了不错的演讲效果。如何获得这种能力呢？这里提供一个方法：平时要多积累一些笑话和段子，比如一些TED演讲中或其他一些名人演讲中用到的笑话。有兴趣的话，你可以在网上搜索罗永浩的演讲视频。

另外，在即兴演讲中要特别注意的是，演讲的重点是你的内容和观点，而不是幽默。幽默的目的是拉近和观众的距离，让观众更乐意听你的演讲、接受你的观点。单纯的搞笑很容易把一场演讲变为脱口秀，你的演讲也会失去价值。

3. 互动式幽默

幽默的一个最好来源是听众，所以在一场演讲中，和观众的互动十分重要。就拿相声来说，相声演员在表演过程中都要和观众进行互动，这种互动的方式甚至成了相声表演中不可取代的部分。同样的，演讲也需要互动式幽默。试想一下，如果你一直在台上滔滔不绝地讲，如同老师授课一般，听众怎能不打瞌睡呢？而如果能和观众互动起来，给予观众参与感，那么就会调动起观众的积极性。

比如提一些奇怪或者有趣的小问题，做个趣味的小调查等。一些老练的演讲者还会制造一些有趣的意外来引观众发笑。他们会在上台的时候说："大家不要鼓掌啊。"这时观众反而会鼓掌。如果掌声不够热烈，他们还会说："感谢大家稀稀拉拉的掌声。"这时观众便会再次鼓起掌来，比上一次更热烈。

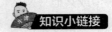 **知识小链接**

为什么幽默的话语更容易引起他人的兴趣？因为：大脑喜欢幽默感。布拉德普博士在《买入性头脑》一书中认为，现代人大脑的情感核心惊人的相似，大脑会本能地对某些"工具"做出反应，幽默就是其中之一。布拉德普还认为，大脑喜欢新奇感，就像人们喜新厌旧的心理一样，而幽默可以创造这种新奇感。

CHAPTER

04

沟通方向老跑偏，只因说话逻辑性不够

有时候是不是特别嫌弃自己语无伦次？明明说了好多，却什么中心思想都没有，到最后连自己都不知道自己说的是什么。其实，这是因为逻辑认知在影响着你的思维方式和表达效果。思维方式是语言表达的内在核心，所以在说话之前，梳理一下自己的逻辑是很有必要的。

说话没逻辑？学会构建表达框架

> 说理是一种思想能力，它要求我们尽可能全面、完整地把握讨论的问题，采取一种真实而客观的态度。这就需要说理者随时当心在说话和文字表达过程中的逻辑。
>
> ——徐贲《明亮的对话》

　　经验缺乏或嘴皮子缺乏磨炼的销售员经常遇到这类问题：跟顾客介绍商品时，自己明明说了一大堆，对方似乎一点儿兴趣也没有；好不容易取得了一点儿信任，但顾客对自己所说的话还是半信半疑，认为自己是王婆卖瓜——自卖自夸；讲起来经常把自己弄得很累，似乎对方听得也很累。

　　我们都期望在短时间内把自己的想法表达清晰，但是结果往往事与愿违，问题出在哪里？出在说话没有逻辑上。而说话没有逻辑的最根本原因是脑袋里没有一个表达框架，拿起来就说，但说又说不好。

　　小A的同学甲和乙在同一个公司上班。正值酷暑难耐，公司组织团建去山西旅游。小A很美慕，问同学甲："玩得怎么样？"同学甲是这么回答的："还好吧，平遥古城还不错，但必须是晚上才好玩。王家大院也不错，规模很大，很别致。就是天气有些闷。还是壶口瀑布凉快，而且壮观，就是人好多啊。不过哪里人不多呢？平遥古城晚上人更多。人少一点儿的地方要数王家大院了，因为院子很大……"这样东拉西扯地讲了很多，朋友听得云里雾里。

　　而同学乙是这么回答的："总的来说不虚此行。山西有三个地方不可错过，分别是平遥古城、王家大院和壶口瀑布。"

　　"先说平遥古城，平遥古城是中国现存最完整的古代县城，置身其中，就仿佛回到了古代。平遥古城的晚上尤其热闹，而在白天可以领略一下晋商文明。最不可错过的是中国票号博物馆的地下金库，这金库在当年可是富可敌国。"

　　"参观完平遥古城我们去了王家大院。这座建筑群是王氏家族经过明清两朝、历经三百余年修建而成的。整体布局似堡又似城，依山而建，气势磅礴。而且各个院落错落有致，雕刻精美，这一点上丝毫不落江南园林。"

　　"最后说说壶口瀑布，壶口瀑布是中国的第二大瀑布，也是世界上最大的黄色瀑布，壮观程度不亚于千军万马奔腾而至。而且赶上晴天的话，还能看见瀑布彩虹哦。"

"总之，要是去山西旅游，这三个地方一定不能错过。"

如果你是小A，你喜欢哪个答案？哪个答案给人一种清晰的感受？当然是乙的回答。为什么会出现这种差异？我们的左右脑都有各自所掌控的功能，左脑多负责逻辑思维，而右脑多负责想象力。在缺乏逻辑思维时，左脑被压制，右脑天马行空的想法就会以一种强势的姿态取胜。直接的表现形式就是想到什么说什么，又或者半天讲不出一句话。而如果大脑中有一个思维框架，就可以让左右脑相互配合，令听众觉得条理清晰。

这就像是教师在上课时板书的树状图一样。教师在备课时都要把整节课的内容进行梳理，整理出一个板书树状图，然后根据这个思路进行课程讲解。这样做可以把整节课的细节、重点有逻辑地展现出来，让学生更容易接受。

因此，在说话之前，我们应该学会在大脑中构建表达框架，争取在最短的时间内把临时性的问题解答得有理、有据、有逻辑。那么怎么做呢？

当别人提出问题，你需要立即回答时，首先要聚焦一个自己熟悉的方向来设定将要表述的主题。切记千万不要往自己不擅长、不熟悉的领域去给自己挖坑。第一句话要用概括性的话语，就像是板书中的主题，演讲稿的演讲主题也应让人一目了然，清晰明确。

然后，制定分散点。在这里，分散点可以是时间、地点、事情等一系列可以聚焦到某一特定场景的东西，比如例子中的晋商文明、地下金库、建筑规模、建造历史等。运用分散点可以帮助说话者进行层次分明、要点清晰的表达。

最后，话题展开太多很容易散乱开来，所以在话题的最后需要将之前所讲的内容加以提炼。当然，如果能附上几句颇有见解的话，就更能让人产生听的欲望。

知识小链接

思维导图又叫心智导图，是表达发散性思维的一种有效的思维工具。经常用于调研访谈、会议报告、汇报材料等，这也是麦肯锡、埃森哲等大牌咨询公司顾问的必备利器。思维导图中强调的是思维的逻辑，如果在表达时经常使用思维导图，就可以提升思维的逻辑性、语言表达的逻辑性，从而大大提高工作和学习效率。

运用语法思维把话说清楚

> 语言没有那么难懂，除非你说了一大堆废话，真正想表达的意思却没表达清楚。
>
> ——诺顿·贾斯特

想把话说清楚，甚至要别人产生兴趣，最简单的途径就是搞定中文语法。也许有人会说："什么？中文语法？这谁不知道！要知道，只要上过几年学的人都知道起码的语法知识。"不过事实并非如此，就像是我们每个人都会说话一样，有的人能出口成章，而有的人却词不达意，连基本的清楚表达都做不到。

我们都知道一句话"主谓宾、定状补，主干枝叶分清楚。"先来说主谓宾，主谓宾是基本的表达结构，例如：我去办公室。再来看定状补，当基本的句式需要更多的信息来加强其真实性，又或是让句子显得有张力的时候，会加定状补。

例如，给"翠花长得好看"加上定状补。

加定语：隔壁的翠花长得好看。

加状语：翠花长得非常好看。

加补语：翠花长得好看，比我们村的村花还漂亮。

这样经过加工以后，这句话就变成了：隔壁的翠花长得真好看，比我们村的村花还漂亮。同样一句话，加上定状补，句子的信息就完善得多了，也更容易让人信服。当我们知道了句子的基本表达结构之后，接下来就是和语法思维联系起来。来看下面的例子。

场景一：你正在面试某500强企业的产品经理

用主谓宾精简表达诉求的核心内容："我想应聘贵公司的产品经理职位。"

用补语式内容增强职位匹配度：举个例子，比如你在阿里巴巴当过财务总监，以此证明你有经验，能胜任这个职位。

用定语式内容修饰自己：介绍个人信息，证明有符合该职位气质的性格特征特点。

场景二：一场关乎你的梦想的家庭座谈会

用主谓宾精简表达你的想法："我想去北上广工作。"

用补语式罗列去北上广的优势："北上广有更多的就业机会，有更好的平台和资源，这些都是老家不能比拟的。"

　　用定语式的内容把优势和自己联系起来："更好的平台和资源总是需要热血去填充，况且咸鱼都有梦想，而大城市的种种条件都是实现梦想的必要条件。"

　　场景三：你正在向老板申请开展某项业务

　　用主谓宾精简表达想法："开展该业务盈利空间大。"
　　用补语式内容具体讲述能带来哪些好处："该业务市场前景好，如果率先开展，能抢夺市场先机，争取利润最大化。"
　　用定语式的内容证明开展该业务的优势：举一个例子，或者采用数据分析该业务能挣钱的原因。

　　看完上面的案例，你一定有所领悟。在每次表达之前，我们都要想到一个中心思想，然后将其精简为一个主谓宾式的信息。这样做有两个好处：一方面有利于你在表达的过程中不偏离方向，另一方面能保证传达的信息足够清晰。
　　做好主谓宾后，我们还要用定状补来添加有效信息，从而让话语变得足够可信。简单来说就是言之有物。否则即使别人知道你在讲什么，但是因为你的话语没有理论或事实的支撑，也会轻易地被反驳或被否定。

知识小链接

　　除了特殊场合的需要，人们更偏向于用非正式的语言进行交谈。但是这种语言的松散性会导致沟通障碍，从而影响工作效率。比如有些员工在向老板汇报工作时常常单复数不分，或指代人称不明，又或是语言松散、表达不清晰。

　　许多职场老板对此伤透了脑筋。有些老板会亲自纠正员工的错误，说实话这样有时候会伤人面子，而且效果并没有那么显著。而有些老板则会求助于商务语法指导。据美国人力资源管理学会与美国退休人员协会的一项调查显示，在所调研的三百多家雇主中，大约有一半的人在员工培训项目上加大了支出，以此来提高员工的语法质量，培养员工正确的表达方式。

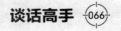
黄金三点论：表达观点的万能模板

> 说话啰唆其实是因为没有条理，想得不清楚，而不是单纯的表达障碍。
>
> ——马东

我们在讲话中最常见的毛病就是言之无序，具体表现形式是条理不清、颠三倒四。而如果能把自己想说的话分成"一、二、三……"点，即运用"黄金三点论"，就能让表达足够清晰。

"黄金三点论"是一种结构工具，可以帮助我们迅速组织思维。虽然听起来比较专业、陌生，但是在日常生活中能找到大量运用三点论的最佳案例，比如，学生三点一线的生活——宿舍、食堂、教室；时间段的划分——过去、现在、未来；人的三种感情——亲情、友情、爱情；事情的始末——开始、中间、结尾……而就表达而言，"三点论"可以看作万能模板，只要抓住其中的关键，就能让表达更加有条理性，给观众留下深刻的印象。

在一次产品推销会上，一位推销员介绍自己的产品。

"大家好，众所周知，我们公司的手机产品一直受到广大用户的青睐，这是因为我们的产品质量有保障、服务最到位、价格最优惠。为什么这么说呢？下面我为大家详细解释一下：

"第一，质量有保障。我们公司采用的是德国进口的精密仪器，上好的制作材料，并采用科学化的管理体系，严格按照质量体系标准执行，所以坚实耐用是我们手机的一大特点。

"第二，服务最到位。很多消费者怕购买了产品后售后服务不到位，对于这一点，大家完全不用担心，因为我们公司的售后已经遍布全国各地，哪怕是在一些小县城，也会有热情的服务人员接待您。

"第三，价格最优惠。'好用又不贵'是我们做手机产品的重要理念之一，虽然我们的产品质量和服务都是一流的，但是我们的价格并不是最贵的，我们始终坚信只有质优价廉的产品才是客户最需要的产品。"

推销人员在开始分点讲述自己的产品之前，先用一句话概括了该公司手机产品的主要特点：质量有保障、服务最到位、价格最优惠。这时就已经抓住了现场观众的心，然后详细讲述这三点内容，可谓深入人心，反响强烈。

在日常生活或工作中，我们常常会听到这样的话："这个事情呢，我想分三个方面来谈……""这个方法虽好，但是有三点需要注意：第一……""要想顺利地完成这个任务，我们需要这样做：首先……其次……最后……"毫无疑问，这些话语都运用了"黄金三点论"。

知识小链接

• 以下是常用的黄金"黄金三点论"话术，供大家参考：

"我只讲三点"；

"我们分三个步骤走"；

"我就三个方面谈一下自己的心得"；

"我们目前有三个问题需重点解决"；

我就产品、市场和服务三个方面进行阐述。

• 假设你参加了一个健身俱乐部，要在大家面前介绍自己。

一般性介绍："大家好，我是×××，我喜欢跑步、健身和演讲，很高兴认识大家。"

请运用"黄金三点论"介绍自己。

结论先行，让汇报工作更高效

> 面对结论先行的标题，人的大脑会迎合金字塔顶端的信息，主动去下方寻找支持该结论的依据，这有利于提高表达和说服的效果。
>
> ——李忠秋《结构思考力》

大脑在接收信息时会不断地猜测话语中的内容，如果不在第一时间给出一个观点，听者很可能会断章取义，得出与事实不一致的结论。

小A："你今天要去打球吗？"

朋友："昨天刚下过雨，场地可能还没干。"

小A："那你还去吗？"

朋友："不知道场地有没有人啊。"

小A："咱俩去了不就有人了。"

朋友："这倒不是问题，问题是场地还不确定。"

小A："那你到底去不去啊？"

朋友："去。"

小A："……"

朋友没有先说去不去，小A从朋友的种种表述中推断他不去打球了，可经过几轮对话以后，朋友的答案竟然是去。出现这种情况和我们的表达习惯有关。很多人在说话时喜欢先铺垫，然后伺机给出结论。比如，当向他人开口借钱时，经常是前18分钟聊天，后2分钟借钱。这种说话方式其实很让人恼火，尤其是在职场，这种方式很不适用。因为大家的时间都很宝贵，而且对于领导来说，往往需要的是一个结论，至于你是怎么办到的，他们并不怎么关心。

小曹是经理的秘书，一次经理要小曹安排一个会议，小曹说："经理，刘主任说他今天有事来不了，王总监刚好正在出差，明天晚上才能赶回来，邓主管说他明天中午以后才有时间。还有，明天的会议室被其他部门占用了，所以我觉得要不要把会议安排到周四？"

"什么乱七八糟的！"经理很生气，把小曹批评了一顿赶出去了。

小曹丈二和尚摸不着头脑，心想：自己该说的事一件没落下，不该说的话一句也没说，怎么就惹经理生气了呢？公司老员工的一句话点醒了他："你讲的顺序不对，没有一点儿逻辑。根本不像是在汇报工作，而像是在给经理找麻烦。"

小曹听后恍然大悟，把自己的话整理了一番，再次推门进去："经理，我建议把今天的会议改到周四，因为刘主任和王总监今天来不了，邓主管虽然明天有时间，但明天会议室已经被占用了。所以周四是最合适的时间，您看行吗？"

经理听完点了点头："那就这样安排吧。"

很多时候就是这样，我们喜欢把重要的事情放在后面说。但是不先讲结论，而先讲细节，你知道这意味着什么吗？意味着对方需要全神贯注地听你讲的每一个细节，然后再去从这些细节中提炼有效信息。把本该属于你的工作推给领导，你觉着领导会高兴吗？而且在短时间内给听者过多杂乱的信息，会让人难以分辨你究竟想要表达什么。更别提让对方愿意听，愿意接受你的观点了。

所以，当你兴致勃勃地给上级汇报工作，足足讲了十多分钟时，领导会突然打断你的话，对你说："你的报告想要表达什么？"而如果你先说重要的内容、结论性的内容，再去分析事情的经过、原因，即使对方在交流或阅读过程中稍微走神儿了，也能轻松地理解你想表达的意思。

知识小链接

练习"结论先行"的两个方法。

（1）把"结论先行"四个字写下来，贴在你的办公桌最显眼的地方，经常运用它，尤其在汇报工作时。

（2）以"我想表达的是……""我的结论/观点/想法/问题是……"为开头来练习。

CHAPTER

05

重复啰唆招人烦，说话越简明越好

　　管理学第一夫人吉尔·布雷斯曾说："最好的方法总是最简单的，只是你要先学到它。"说话也是一样的道理，想得复杂、说得复杂，往往会让人一头雾水，容易造成理解上的误会和沟通上的困难。如果一句话能用两个字表达，为什么非要浪费口舌呢？把话说简单，整个人也会简单、洒脱起来。

剔除话语中多余的废话

> 多一些事实，少一些矫饰废话。
>
> ——威廉·莎士比亚《哈姆雷特》

与人交谈时，因为我们无法得知别人的底线，所以经常会使用一种折中的方法来保证沟通的友好进行，这种方法在心理学上被称为"间接语言"。比如发表意见时，你拿不准领导更倾向于哪种方案，于是用不确定的态度既说好又说不好，结果引得领导不满；在向爱人解释一件事情时，你害怕对方会生气，所以用了更多的语句去表达，结果越解释越乱……

我们发现，越是用更多的表达去描述某物，就越难以准确描述。而在别人看来，我们是在废话连篇。所谓"废话"，指的是那些说出来对听者不起任何作用，甚至会引起听者反感或者听者可以忽略不听的内容。

销售员在销售产品时很容易犯这样的毛病。一般的导购看到顾客是这么说的：

"看衣服吗？"

"喜欢的话，可以看一看！"

"有什么可以帮您的吗？"

"您想看什么价位的？"

"要不您试试？"

我们可以想一下，顾客听到这些话会怎么回答呢？基本上一句话就可以把你搞定，那就是："我随便看看！"

而如果去除没必要的废话，效果就会好很多：

"您好，欢迎光临×××品牌。"

"这是我们的新款！"

"我来帮您介绍一下吧。"

"我们这里正在搞×××的活动。"

"活动过了今天就结束了。

在销售产品时有一个准则，那就是如果你做不到让你的客户喜欢你，至少也要让对方不讨厌你。想要做到这一点，最简单的方法就是与客户接触的时候尽量少说或不说废话。不过，很多销售员都会陷入一个误区，认为说话越多越好。

比如有些销售员还没聊几句就开始问客人的私事，尤其是看到一些外国顾客时，不是问有没有来过中国、对中国的印象如何，就是夸赞客人漂亮、帅气。甚至有些销售员还会问一些很愚蠢的问题，比如一个客户要采购电器配件，业务员上去就问："你们要什么样的插头啊？你们要证书吗？你的目标价是多少？你们之前采购过类似产品吗？"这些问题除了会暴露你的无知和低情商外，还会让客户马上把你pass掉。

这个世界是如此的繁忙，只需要你清晰表达就行，而不需要你废话连篇。国际沟通技巧的研究机构Mind Tools总结出了7个"C"法则，用于人们的日常人际沟通，具体如下：

1. Courteous（谦恭）

礼貌而谦恭的态度是沟通的基础，也是尊重对方的表现。

2. Clear（清晰）

说话时清晰传达出你所要表达的信息是第一步。在开口之前一定要想清楚为什么和对方沟通，即确定自己的沟通意图。

3. Concise（简洁）

表达时要遵循简洁的原则，能用3个句子表达的，就不要用6个句子表达。尽量去除句子中毫无意义的成分，比如"那个""你知道""老实说"等词语。

4. Concrete（具体）

剔除的是那些没必要的信息，而一些重要的细节和事实一定要表达出来。唯有抓住重点，才能让对方理解你所描述的事情。

5. Correct（准确）

句子简洁了，但一定要保证信息传递的准确性，即你所使用的词语、语言要确保准确无误。唯有这样，对方在理解时才不容易出现偏差。

6. Coherent（连贯）

你的表述需要具有内在的逻辑性。一个简单的方法是将你所说的要点连接起来，服务于你所阐述的主题。

7. Complete（完备）

如果你的表述是完整的，对方就不会漏掉你的信息，这样才能达到有效沟通。所以尽量用最简短的话语传递出更多信息。

 知识小链接

你喜欢说废话吗？通过下面表格中的内容检测一下自己。

喜欢把废话挂在嘴边的特征	具体表现
喜欢"炒现饭"	重复别人的观点或是翻来覆去地讲已经说过的话
说话没层次、没重点	通常喜欢用连接词"首先吧……然后吧……其实吧……也就是说……然后吧……"
把握不住话题的方向盘	说话啰唆，总说一些与谈话主题无关的事，比如喜欢引申话题
喜欢用长句子表述	两个字能说清楚的非要说成五个字，五个字能表达的非要说十个字
喜欢随意插话	比如喜欢说"我补充一下""哦，我突然想起一件事""刚才忘了说"

言简意赅是最简单有效的说话方式

> 如果你很在意自己在别人眼里是否值得信赖、是否聪明睿智，那么说话时就言简意赅吧，能用简单句的时候就别用复杂句。
>
> ——丹尼尔·卡尼曼《思考，快与慢》

在电影《大话西游》里，碎碎念的唐僧让人印象深刻，可谓啰唆界的形象代言人，比如孙悟空在和他抢月光宝盒的时候，唐僧啰唆了很长时间，让孙悟空很抓狂。明明一句话就能表达的意思，为什么要啰唆呢？古印度哲学家白德巴认为，能管住自己的嘴巴是最好的美德。

一位年轻的外交官在初涉外交领域时经常带着自己的太太出席各种场合。他的太太来自小地方，言谈举止带着一些乡土气息。

这本来是一件好事，但是这位太太有个毛病——话痨。每到社交场合，她总是不断地找话题，想要融入这个圈子里面。可是满屋子都是学识渊博之人，和她根本聊不到一块去。

这位太太很苦恼，她向一位讲话不多但深受欢迎的资深外交家吐露了自己的心事。外交家笑着回应说："你必须学会约束自己的嘴巴，没什么可讲时，就不要勉强。多听听别人说不是挺好的吗？"

这位太太照着外交官说的去做，果然很有效。

不知道你有没有留意过这样一个奇怪的现象：在人际沟通中，话痨说出的话往往没什么分量，而那些不会说太多废话的人往往能一锤定音，甚至更能赢得他人的尊重。

为什么会出现这种情况呢？我们经常会有这样的体会：在家里，如果孩子犯了错，我们会在第一时间责备孩子。刚开始时，孩子还会反省自己，可是当我们喋喋不休时，孩子就开始感到厌烦了，到最后甚至跟我们顶嘴。

在公司里，我们因为业绩不理想而批评员工。刚开始大家还很认真，可是当我们一再重复几个问题或是说一些无关紧要的话的时候，就会发现一些员工似乎对我们有了意见。

其实，之所以产生这样的结果是因为引发了超限效应。超限效应指的是因为刺激过多、过强或时间过久，进而引起心理极不耐烦或反抗的一种心理现象。为了避免在沟通中出现这种情况，在说话时一定要言简意赅，避免重复累赘。

比如有一些人说话时总是喜欢重复，尤其喜欢在谈话中不断追着对方问："你听懂了吗？"如果有这样的说话习惯，应当注意改正。

知识小链接

在美国南北战争期间，葛底斯堡战役是其中最为残酷的一战，交战双方共损失约五万名兵员，而当时美国只有几百万人口。

战争过后四个月，林肯做了一篇演讲，以此纪念在战争中阵亡的将士。这篇演讲没有长篇大论，只用了十个句子。从上台到下台还不到3分钟，但是赢得了15 000名听众经久不息的掌声。这次演讲成了林肯一生中最著名的演讲，其演讲手稿也被珍藏起来。时至今日，人们在许多重要场合也经常提起或朗诵它。

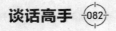

短答力：精准的回话方式

> 短答力就是听到问题时，能简短、准确恰当地回答问题
> 的能力。
>
> ——川上彻也

多数谈话是一场双方的互动，既有问又有答。在回话时往往需要回话者简明扼要地回答对方的问题。日本作家川上彻也在他的《一言力》中，将简短、准确回答问题的能力称为"短答力"。短答力不仅适用于交流时一些无关紧要的即兴回答，更适用于谈判、采访、面试等场合。

一家汽车公司想要订购大批汽车内饰配件。经过筛选对比，公司经理选出了三家商店。经理看过样品之后约定了日期，请这三家商店的代表来商谈。

　　因为是一笔大生意，所以这三家商店的老板都选出了口才最好的职员去谈判。但是万万没想到，在谈判当天，有一家派去的谈判代表小贾得了喉病。要是请假的话，马上要到手的鸽子就飞了；而如果去谈判，也发挥不了什么作用。小贾思前想后，最后还是去了。

　　到达后，他看到另外两家商店的职员正在滔滔不绝地"包装"自家的产品，把自己的产品形容得天上少有、地下难寻。小贾看不过，但也没办法，于是找来一张纸写道："不好意思，今天突然患了喉病，不能说话。反正货您已经看过了，我就不多说什么了，我想产品过硬才是硬道理。"经理微笑着点了点头。

　　最后，令小贾诧异的是，那两位能说会道的代表并没有拿到订单，反而是自己简短有力的一句话促成了这笔交易。

　　这个例子，虽然有些偶然，但也并不是全无道理。在交谈场合，有的人擅长用滔滔不绝的言论说服听者的耳朵，自然令人钦佩；有的人把自己要表达的意思浓缩成几句话，简短有力，直触人的心底，同样值得称道。不过，从某个角度讲，如果简短的回话更有力或同样有力，为什么非要长篇大论呢？

　　如果不是特殊需要，回话越简明越好。有些人在回答别人的问题时说了很多话，但还是无法把应该表达的信息传递出来。而对方也需要大把的时间去分析、理解和消化他们所论述的东西。这就给沟通带来了麻烦，既浪费了时间，又可能达不到理想的沟通效果。

所以，在回话时一定要用精准的回话方式。

1. 围绕问题回答

很多人在回答别人问题的时候喜欢夸夸其谈，比如在心仪的女孩子面前特别爱表现自己，但是一些无关紧要的闲谈只会让对方觉得你废话连篇。尤其是在谈一些正式话题时，一定要认真、直接地回答对方的问题，不要东拉西扯。

2. 条理清晰、逻辑分明

在回答问题时要注意逻辑，最好把想法先在脑袋里过一遍，捋出一个完整的头绪再开口。比如顾客问你："这款手机有什么亮点？"你可以回答："这款手机配置一流、设计精美，而且待机时间长。"

3. 提问不同，回话不同

不同的提问有不同的回话方式。单纯事实的提问有固定的答案，不用掺杂自己的观点，比如问几点了，就要给出确切的答案，如"10点"。而不要答非所问，答"现在还早"。主观意见的提问没有固定答案，比如问喜欢做什么，这时就要掺杂个人观点，围绕话题回答。

4. 说重点

在职场或商务场合，回话要简洁明确，抓住重点。试想，如果一场谈判像是拉家常一样，那就既浪费时间又达不到什么效果。回话的重点可以从对方的问题中寻找，也可以是自己的看法。

知识小链接

有两个教徒在做祷告的时候偷偷吸烟，正好被牧师看到。牧师问第一个教徒："你刚才在吸烟？"教徒诚恳地回答道："是。"结果，这位教徒被牧师狠狠痛斥了一顿。

牧师问第二个教徒："你刚才在吸烟吧？"

"是，"教徒继续说，"在祷告时不能吸烟吗？"

"当然不能。"牧师严肃地说。

"那么在吸烟时可以祷告吗？"教徒又问。

"可以，任何时候你都可以祷告。"牧师想了想说。

"对啊，我刚才就是在吸烟的时候祷告的啊。"

牧师听后，笑了笑说："是的。"

于是，这个教徒被免去了责罚。

通过反问的方式聚焦答案

> 发话的人最好进行反问，不然就最好保持沉默。
>
> ——《沉默者的发声》

念书的时候，父母都嘱咐孩子"有什么不懂的就问老师"，但是那时的你因为羞涩不愿意问问题。到了大学甚至进入职场以后，你发现自己依旧不会提问。有时候你提的问题，别人不愿意回答。而对于你的回答，别人不是嫌你的回答没营养就是嫌你烦。

"不知所问，所以啰唆。"也许你有这样的困扰：在和他人沟通时，总是无法聚焦在真正重要的问题上。比如领导问你："你对这份企划案有什么看法？"面对这样开放性的问题，你可能会把自己当时能想到的所有想法都一股脑儿地拿出来，因为万一运气爆棚碰对了呢。但是如果我们真的这样漫无边际地说，领导会是什么感觉？领导会觉得你在浪费他的时间，会觉得你说话啰唆，讲不到点子上。

当然，这也不能完全怪你。因为对于"对什么东西怎么看"之类的问题实在是仁者见仁，智者见智。这个时候该怎么办呢？最好的方法是通过反问的方式把对方的疑问聚焦到一些细小的点上，搞清楚对方真心想问什么，内心期望得到怎样的答复。把这些问题弄清楚了，再去有条理地回答，就不会逮住什么说什么了。

场景一：和老板讨论企划案

老板："说说你对这份企划案的看法。"

你："您是指内容上的意见，还是指操作层面上的意见？"

老板："说说你对内容的理解。"

你："我觉得这份企划案内容做得很详细，具体表现在……"

场景二：和朋友聊天

朋友："你觉得这部电影怎么样？"

你："你说的是这部电影的剧情还是视觉效果？"

朋友："剧情你给几分？"

你："8分，剧情构思不错，情节跌宕起伏。"

场景三：和商业代表谈判

代表："我想我们这次合作很难进行下去了。"

你："为什么？是担心我们的产品有质量问题，还是对我们的后续服务有疑惑？"

代表："不，都不是，是因为价格问题。"

你："其实我们公司还有多个系列产品，而且价格实惠。您要是感兴趣，我给您介绍一下。"

很简单的一句问话，就可以让对方帮我们聚焦问题。这样我们就能更好地理清头绪，给出的回答也会精练得多。在沟通过程中，如果被对方问蒙了，或是不明白对方表述的意思，也可以通过反问的方式来帮助自己聚焦，把开放式的问题变成选择题，从而限缩答案，避免啰唆。

反问可以从两个角度进行。一个是根据对方给出的关键词进行挖掘。比如例子中"企划案"这个词。评价一份企划案的角度有很多，比如内容方面、执行方面、效益方面等，但是哪一个才是老板最想要的呢？试着抓取其中一两个方面去反问就可以了。另一个是设想一个与对方所求结果不同的问句，"难道是因为……吗？"这时对方一定会说："不，不是因为这个，而是因为……"这样我们就能借助对方的回答搞清楚对方的想法。例如场景三中用到的方法。

反问时的几个小技巧：

1. 反问前要了解对象

在反问之前，要观察一下反问对象。如果对方是一个性格豪爽的人，你不妨长刀直入，把问题直接摆出来；如果对方性格内向，就应该注意反问的言辞，最好不要用"难道……吗"的句式。

2. 问的问题要有价值

反问的目的是帮助我们缩小谈话的方向，避免重复啰唆。所以问的问题应该有价值，不要讲废话，诸如那些彼此都知道、不用思考就能直接给出答案的问题。如果不能确定自己的提问是否是废话，可以先问自己这个问题，看自己是怎么回答的。

3. 善于运用肯定句式

特别是在洽谈时，要善于运用肯定句式，如"你已经……吗""你有……吗"，或是把你的主导思想放在一句话的末尾，用提问的方式表达出来，如"现在很多公司都有先进的管理软件，不是吗？"

跟不同的人说不同的话

> 说话是一门艺术，聪明的人面对不同的人，会说不同的话。
>
> ——牛津

你相信一件事吗？在喜欢你的人面前，即使你说话啰唆，在他看来也是可爱的表现；而在不喜欢你的人面前，即使你嘘寒问暖，在他看来都可能是多余的。所以有时候真的不是我们不会说话，而是没选对人。

你买了一个漂亮的包包，对男朋友说："亲爱的，你觉着我的这个包包怎么样？""很漂亮。""是吧？明星同款，花了我两个月工资。你千万别告诉妈妈啊……""好好好……"我想你男朋友一定是满脑子黑线，嫌你啰唆。

而如果你把这件事跟喜欢包包的闺蜜讲，那效果就完全不一样了："我跟你说啊，我这个包包……""哇，这款包包要抢的好不，我早就打算买了，可实在没米下锅了。我花了很大的勇气才忍住没剁手，你真是够豪气的……"你看，越是有相同经验的人，就越不觉得啰唆，反而会引起共鸣。所以，面对不同的人，同样的话会产生不同的效果。这就需要我们学会看人下菜碟，对不同的人说不同的话。

小A是一位淘宝资深卖家。总有人来问小A这样的问题："现在做淘宝还赚钱吗？"在回复之前，小A都要分析一番。一般来说，问这类问题的人分三种：一种是闲聊；一种是真的想赚钱；还有一种是对方也是卖家，想要请教一些淘宝运营经验。

如果对方仅仅是闲聊，小A会说一下做淘宝的现状；如果对方想赚钱，小A会分享给他们一些赚钱的思路，比如赚钱要找到有竞争力、有卖点的产品，不要跟风卖女装这类竞争太大的商品；如果是想学运营经验，小A会告诉他们一些运营方法，比如如何提升流量、搞店铺活动等。

小A说，如果不去了解对方的意图就随口瞎扯，对方一定会嫌自己啰唆，而且也会把自己累个半死。

我们说话的时候，需要进入听者的角色，去预判他们的年龄、职业，以及对所谈话题的理解程度、熟悉程度，从而帮助我们做减法。根据听者的情况，决定省略什么、保留什么，这就是看人下菜碟。

看人下菜碟是一种圆滑的说话方式。人们之间亲疏远近不同，根据沟通对象不同的脾气秉性、特征，选择最合适的交际方式，从而转移对方的焦点，让啰唆的话在对方听来也觉得舒服。

比如，在工作中，有些人脾气不好，动不动就掀桌子或者爆粗口。跟这类人讲话少说为好，尤其当对方正在气头上时，不要尝试去讲道理；有些人老实巴交，跟他们说话时就要注重承诺，不要拖拉、啰唆、反复；有些人说话办事爽快，给人一种雷厉风行的感觉，跟他们说话自然也要精简，把话说到点子上；有些人理性客观，很有距离感，同这类人说话可以讲道理，用事实说话，而且逻辑越清晰越好。

知识小链接

古时候，有一个满口"之乎者也"的书呆子，说话的时候总是喜欢咬文嚼字，很让人厌烦。

有一天半夜，书呆子被一只蝎子蜇醒了。他马上摇头晃脑地喊道："贤妻，速燃银烛，尔夫为虫所袭！"可是他一连说了好几遍，他的妻子就是不搭理他。接着，他又说："其身似琵琶，尾如铁锥。贤妻呀，快看看是何物？痛煞我也！"可是妻子仍然不理他。最后，书呆子实在忍不住了，冲妻子大吼道："娘子，快来看看，蝎子蜇我了！"

"谁让你说那么多废话，自讨苦吃！"妻子没好气地说。

CHAPTER

06

总在不懂拒绝上吃亏，让自己委曲求全

　　你身边一定存在这类人，他们很在意别人的评价，总是习惯性地答应别人的请求，向他人示好。哪怕这些帮助会给自己带来很大的困扰，他们仍会委曲求全。这样的人被人们习惯性地称为"老好人"。在人际交往中，老好人只会透支自己，为别人提供福利，用福利获取好感，没有勇气说"不"。如果你是这类人群中的一员，请从现在开始告诉自己：我要做个好人，而不是一个老好人。

舌头打个弯儿，委婉说"不"

> 你每次找我帮忙我都欣然接受，如果有一次我不能帮你，你就会对我产生一种莫名奇妙的厌恶感，我才不要自讨苦吃。
>
> ——《生活大爆炸》

并不是每个人都知道怎么妥善地拒绝别人。有的人碍于面子，把话说得太轻、太模糊，结果对方经常会错意；有的人丝毫不顾忌对方的面子，直接拒绝，言辞犀利，结果把双方的关系弄得很僵。

拒绝别人是一门艺术，合适的拒绝方式不仅不会让对方埋怨你，还会让对方试着去体谅你。那么，什么样的拒绝才是合适的拒绝方式呢？现在介绍一种委婉拒绝的表达方式，即在拒绝他人的时候，委婉地向对方陈述客观事实，让你的理由含蓄一点儿，委婉一点儿。

　　已经晚上九点钟了，小A还在为新产品的设计方案愁眉不展。突然好友打来电话要小A帮忙。虽然小A很不情愿，但是因为关系不错，还是耐着性子问了一句："什么事啊？"

　　"我最近接了一个韩国客户，客户给了我一份文件，但都是韩文啊，我根本看不懂，所以只好请你帮忙看看了。"

　　"这样啊，文件一定很重要吧，我那点儿自学的韩语，恐怕不能胜任啊。"

　　"可是你是我所有朋友里面韩语学得最好的了……"

　　"其实要是不忙的话我可以试试，可是你不知道，这些日子我正在弄一个产品设计方案，每天加班不说，辛辛苦苦弄出来的几个方案还都被否决了，现在真是忙得不可开交。而且你这份文件一定很重要，回头给你弄差了，我倒没什么，你要是损失了客户就麻烦了。所以我建议你找专业的翻译公司翻译。"

　　"好吧，那就不麻烦你了。你也别太累了，早点儿休息啊。"

　　面对朋友的请求，小A没有直接拒绝，而是委婉、巧妙地推脱了：先是坦言相告自己知识薄弱，恐怕不能胜任，然后解释自己太忙，最后还建议朋友找翻译公司翻译。小A这番婉拒的话，在理又得体，拒绝得恰到好处。

　　人都是有自尊心的，如果一开始就强硬地拒绝，很可能会伤到对方的自尊。高明的拒绝方式不是单纯地强调拒绝，而是考虑对方的心情和感受。所以在拒绝别人时，要尽量避免使用激烈的言语，比如"不""不行""不要"等词语，而应该换成"我考虑一下""你先等等""让我想想"等词语。

同样是拒绝别人的求助，不同的语气会让人产生不同的心理变化。所以当别人向你寻求帮助时，你说话的语气也很关键。不要说"你怎么老是要人帮忙啊"，而是应该说"我其实很乐意帮助你，可是……"；不要说"你是在浪费我的时间吗？这么简单的事都办不到"，而是应该说"这件事需要你自己动手去做"；不要说"我真的不喜欢你"，而是应该说"和你在一起很舒服，但不是男女恋人的那种感情"；等等。

 知识小链接

委婉拒绝的表达方式：

（1）和你在一起时放松又舒服，但我们之间就是不来电。

（2）我在乎你，但我并不爱你。

（3）我现在还不能完全确定自己的感觉，也不希望草率地展开一段感情。

（4）我已经名花有主（心有所属）了。

（5）你很好，做我的朋友比做我的男朋友合适多了。

（6）不好意思，我不是你要的那杯茶。

VAR技巧：让你的拒绝温柔而坚定

> 勉强应允不如坦诚拒绝。
>
> ——雨果《悲惨世界》

在"拒绝"时要明确自己的立场和标准，这是很多人都明白的道理。可是到了真正拒绝的时候却还是很难说"不"。尤其是面对关系比较亲近的人的请求时，往往不能有效地拒绝。很多人把这一问题归结为别人比自己强势，而实际上更多的原因是我们在拒绝的时候缺少了一份自我坚持。也就是说，我们的心里有一套标准，但是在拒绝的时候没有把它坚定地拿出来。而这种不坚定，会让拒绝变得更加困难。

场景一：

"下午陪我去看×××电影吧。"

"不好意思哦，我下午有事，不能陪你去看电影了。"

"那晚上呢？晚上有一个不错的场次，要不我们晚上去看？"

"真不好意思啊，晚上我约了人一起聚餐。"

"那明天呢？明天也有票啊……"

场景二：

"下午陪我去看×××电影吧。"

"这部电影我知道，最近很火。不过不是我喜欢的类型，所以不能陪你去看。下次有我们都喜欢的电影的时候再去看吧，怎么样？"

"好吧，那下次再约了。"

拒绝他人时除了直接拒绝之外，找理由确实是最简单的方法了。但是这种方法有时候并不奏效，比如你遇到场景一中那种不识趣的朋友，你的拒绝理由会十分无力。而且对方会一直追问，让你倍感烦恼。为什么会造成这种情况呢？很简单，因为你没有坚定地把自己的标准拿出来。所以无论你用什么样的理由拒绝，你的拒绝都会显得不够坚定，而一旦你找的理由被"攻破"了，那你也就不得不去迁就对方了。

所以，拒绝朋友，最好的方法是"自我坚定"。所谓的"自我坚定"，其实是"VAR技巧"中的一个步骤，简单来说就是能够冷静而正面地去坚持自己的观点，同时也会尊重他人的感受和想法。这种拒绝使用的是临床心理学家Lara Fielding所提出的一种技巧，我们将场景二中的例子运用VAR技巧拆开来分析。

首先是Validate（验证）。所谓的"确认"，指的是确认他人的想法。简单来说就是要设身处地站在对方的角度去思考，然后表达对他人感受的理解。比如案例中朋友想去看电影，那么从某个角度讲这部电影比较好看（当然，对方也可能是为了打发时间或是有其他的理由），这时你可以对他的提议表示认同。比如案例中的这句话："这部电影我知道，最近很火。"你知道吗？你这样说是在夸奖朋友的审美，其实也就代表了你能够理解她。

通用话术："我知道你现在确实需要帮忙……""我明白你的焦灼……""我知道……"

其次是Assert（坚定），即刚才提到的"自我坚定"。明确地表明你的态度是拒绝的关键。这一步你要坚定自己的想法和做法，要明确地去拒绝。在表达时一定要清晰、直接和具体。这样可以减少不确定性给对方带来的伤害，减少对方的期待落差。比如案例中的这句话："不过不是我喜欢的类型，所以不能陪你去看了。"

通用话术："我没办法帮到你""我不能答应你，因为……"

最后是Reinforce（强化），即强化对方对你的理解，以此减弱对方因为被拒绝而产生的抵触心理。而且强化会给人一种虽然自己拒绝了对方，但反而是为对方好的感觉。最后一步的关键是要清晰地表达出，拒绝他们后，他们能够得到什么好处。比如案例中说：

"下次有我们都喜欢的电影的时候再去看吧，怎么样？"

通用话术："我不能答应你，但是我能……"

综合来看，"VAR技巧"有点儿像医生给小孩子打针：先给对方一颗糖，表示你非常理解对方的感受；接着快狠准地说"不"；最后再安抚一下对方。这样，你的拒绝就会显得既温柔又坚定。

知识小链接

从现在开始，在未来的一周里请记录所有发生的别人向你提出要求、请求或需求的事件，并填写下列表格。

事件	事件详情	应对过程	结果	感受	经验总结
事件1	朋友向你借钱	述说自己的难处（不想借）	还是把钱借了出去	心里不舒服，对自己很失望	在拒绝时要坚定一些
事件2					
事件3					
事件4					

拒绝的同时给对方提出替代方案

> 我的不幸，恰恰在于我缺乏拒绝的能力。我害怕一旦拒绝别人，便会在彼此心里留下永远无法愈合的裂痕。
>
> ——太宰治《人间失格》

相信大家都有这样的经验，因为不想破坏人际关系而顾虑重重，最终没能拒绝别人的请求，勉强答应……在人际交往中，很多人就是吃了一味忍让的亏。从短期收益来看，这种忍让是有效果的，但是如果想要长时间维持良好的人际关系，学会说"No"十分必要。

面对他人的请求，不管是能力不够还是时间不足，如果能给对方提出一个解决问题的替代方案，对方往往会欣然接受。在拒绝时给他人提出替代方案有三个好处：第一，让别人感觉你在态度上还是愿意帮忙的；第二，不会在拒绝后一下子陷入没话可说的尴尬境地；第三，你的建议也许能帮对方打开思路，对对方有帮助。

　　小章毕业后进入一家大公司做文案策划，为了好好表现自己，小章很勤快，只要是领导交给他的工作，小章都来者不拒，甚至同事的工作也一块接了下来。很快小章就获得了一个好人缘，但是与此同时，小章也成了办公室里的老好人。

　　"小章，帮我复印一份文件可以吗？我待会儿要用。"

　　"小章，你先帮我设计一个logo吧。"

　　"小章，听说你会PPT，帮我做一份吧，我发你资料。"

　　"小章……"

　　除了完成自己的本职工作外，小章还要各种帮忙。小章感到累极了，而且他越来越弄不清楚自己是做什么的了，总感觉自己成了一个打杂的。小章把自己的烦恼和朋友讲，朋友说："你呀，就是不懂得拒绝，这样的职场老好人当然是要吃亏的。"

　　"那我应该怎么办呢？"

　　"这样，如果有人要你帮忙做工作以外的事，你就告诉他自己忙不过来，让他找别人帮忙。当然，至于怎么说要视情况而定，记住一定要拒绝得不留痕迹，优雅从容。"

　　小章若有所思地点了点头。后来，有同事要他帮忙的时候，他就会说："抱歉啊，我这里还有好多工作要做，要不你去找×××吧，他很擅长这个。"起初小章还担心这样拒绝会让对方对自己有意见，结果发现大家好像都很理解他。就这样，小章终于摆脱了苦恼。

在拒绝他人时，这种给他人寻找替代方案的例子有很多，比如朋友要跟你借西装去面试，你可以说："我的刚穿脏了，要送去干洗。×××不是跟你身材差不多吗？你俩关系又好，要不你去问问他？"再比如同事要你帮他翻译一篇文章，你可以说："我对英语不太熟悉，要不你问问小文，她是这个专业毕业的，应该能帮到你。"

当你搬出一个能力比你强的人来作为自己拒绝的借口时，对方一般不会埋怨。但是请注意，这样做会有一个弊端，即可能会引起被你"转嫁"的那个人的怨恨。因为人家毕竟也有工作要做，你在没有征得对方同意的情况下就替人家揽了差事，尤其是大家都不愿意做的苦差事，对方可能会对你产生意见。为了避免出现这种情况，一定要注意被你"转嫁"的那个人应该是大家公认的在某个领域比较擅长的人，而且你要事先分析对方帮忙的概率有多大。

知识小链接

在拒绝他人时，可以将替代方案与其他拒绝方式相结合，譬如采用一种"肯定—否定—肯定"式的拒绝方法。举一个例子，假设朋友要你跟他一块吃午饭，你可以用这种拒绝方法。

"我中午和同事有约。"（用肯定的语气告诉对方拒绝的理由）

"所以不能陪你一块吃饭了。"（用否定表达拒绝）

"不过如果你不想出去，我可以给你顺便带个外卖。"（以一个肯定性的替代方案结尾）

"Yes-but"定律：先肯定再拒绝

> 我们都被别人拒绝过，也拒绝过别人，虽然这很常见，但是我们仍应该意识到，用更高级的说话艺术代替生硬拒绝是在行善。
>
> ——兆民《所谓情商高，就是会说话》（日常生活版）

直接拒绝是很伤人的，哪怕你有足够的理由。"你完全错了！""我不能答应！""我们不合适！"这样的说辞会让对方难以接受，马上就让你们的关系陷入僵局。如果你能换一种态度，在说"No"之前先用"Yes-but"的沟通模式过渡一下，就能照顾到他人的面子和情绪，让对方更容易接受。

Allen在一家外企工作。虽然Allen从小在外国长大，可是Allen的家庭是那种老派的家庭，所以从小耳濡目染的Allen形成了认真固执的性格。Allen在业绩上很不错，个人能力非常突出。可是Allen的人缘很差，没有太多人愿意跟他共处一个团队，原因就是他在说话时No永远比Yes多。

最近Allen接到一项任务，需要他和几位同事一块合作。项目进行得不是很顺利。老板把Allen请进了办公室，面带笑容地问他：合作顺利吗？Allen脱口而出："No，"老板拍拍Allen的肩膀，对他说："我不是很了解中国的文化，但在我们西方，如果想说'不'的时候，一般不会直接说，而是习惯用'Yes, but……'代替。其实最终表达的意见或意思是一样的，但是听上去会让人舒服很多。"

Allen若有所悟地点了点头。

立即否定别人的看法，然后滔滔不绝地表明自己的态度和立场，并不能证明你有多正确，反而会给人留下粗鲁野蛮的刻板印象。采用这种说话方式，还会给人际关系带来负作用。

没有人喜欢被拒绝，大多数人都喜欢被接受和赞同。如果在肯定之后再否定其中的一部分，或许就会悦耳得多。这就是"Yes-but"定律的奥妙所在。这就好比修辞手法中的"欲抑先扬""先褒后贬"。当你想批评一个人的时候，先给批评的话裹上一层糖衣，即对他身上的优点和长处进行表扬，然后再委婉地指出对方的缺点，这样比直言不讳要好很多。

比如你的下属提出一个建议，你不是很同意。这时，请不要直接说："我不同意。"而是应该先微笑着说："你的建议有一定的意义。"然后紧接着说："不过某个部份无法完全说服我，比如……"

在运用"Yes-but"定律时要注意以下两个方面的内容。

1. 说Yes之前要倾听

英国作家艾伦·加纳在《谈话的力量》里曾提到：积极倾听会鼓励你忘记同自己的对话，专注于听对方说话，从而深切地体会对方的感受。所以在拒绝他人之前，一定要认真倾听。一方面，这样能让对方有被尊重的感觉；另一方面，在倾听的同时你还可以根据对方的情况，给对方一些建议或替代方法，这样对方一定会感激你。

2. 说but的时候要委婉

在说but时一定要注意言辞和语气的委婉。例如，在听取了对方的意见后，如果不太同意，可以这样说："你刚才说得有道理，但我觉得应该……""你这个想法不错，但是如果能够……会不会更好呢？""你的做法也许是对的，我可以理解，但是对很多人来说可能不太实用。"

知识小链接

毫不犹豫地拒绝，给人的印象是很不好的。即使不想答应对方的要求，也不要立即拒绝。你可以这样做：和对方目光接触，保持沉默，给对方传递一种正在考虑的信息，而这些信息足以暗示你很为难；接下来你可以说"容我考虑一下，稍后回复你"，然后稍作考虑再去拒绝。这样有一个过渡的话，对方会更容易接受。另外，用短信或电话拒绝比当面拒绝更容易。

07

有理却无法说服，问题在于说辞老套

在短短的一天当中，我们可能要进行好几次说服性的沟通：工作时说服上级同意自己的提案，用餐时说服同事和自己选择一样的餐厅，下班后说服伴侣同意和自己去逛商场，等等。说服是如此普遍，但它并不简单，因为说服不是取得口头胜利那么简单，它实则是一个思维对抗的过程。如果你的话术高明，就有可能对别人的思维模式产生影响。

二选一法则：减少对方的选择余地

> 营销者需要花费大量的时间、精力和金钱去认识可能会影响选择的事物……以及人类行为中的本能是如何指引选择的。
>
> ——马修·威尔科克斯《畅销的原理》

在街对面有两家档次、价位都差不多的面馆，但是不知道什么原因，第二家的营业额总比第一家高很多。经过深入调查后发现，他们两家的沟通话术不一样。

第一家店老板问："加不加蛋？"

第二家店老板问："加一个蛋还是加两个蛋？"

很显然，在潜意识的影响下，绝大多数人在第二家店会选择加一个蛋，而只有少数人会在第一家店选择加蛋。

在这场同类产品竞争的营销大战中，第二家店用了二选一的法则，即在与客户沟通时，为客户量身定制两个购买方案A和B，从而让客户从中选择其一。那些经验丰富的销售人员都深谙这套话术，在沟通的过程中不断地把握局面和情绪的平衡，将客户引进自己的思维空间中来。

汽车推销员巴郎运用二选一的法则快速地卖掉了一辆汽车。

巴郎："先生您好，您更喜欢家庭实用款还是商务款？"

顾客："家庭实用款吧。"

巴郎："那么你更偏向于哪一种颜色的呢？黑的还是白的？"

顾客："我觉得白色的合适些。"

巴郎："的确，很多人都买了白色家庭款。您希望车上配不染色的玻璃还是染色的？"

顾客："我想还是染色的吧。"

巴郎："如果要您做一个选择的话，您是希望获得一款性价比高的爆款，还是引领时尚的新款车型呢？"

顾客："我想我还是喜欢'性价比'这个词。"

巴郎："我大致了解您的需求了，如果您今天就能敲定，我们会给您打折优惠。"

顾客："我想和我的家人商量一下。"

巴郎："对，肯定和家人商量一下更妥当。那您看明天什么时间比较方便？上午还是下午？请您的太太来我们体验中心一起沟通一下选择哪一款。"

顾客："下午吧。"

巴郎很聪明，他以咨询的方式将选择的权利交到了顾客手中，而且二选一法则的运用使顾客很快做出了选择。更巧妙的是，这些都是顾客认为的最佳选择。

如此看来，二选一法则其实是销售人员在假设的前提下转移客户主动权的一种做法。在交易的过程中，无论客户做出哪个选择，对销售人员来说都是有利的。而且在潜意识的作用下，顾客很少会跳出这个问法而去询问第三种方案，于是整个销售过程一步步向着促成交易的方向靠拢，直至实现成交。

比如，在销售衣柜的时候，很多销售员肯定会询问看衣柜的顾客："您是来买衣柜吧？"如果客户买衣柜的愿望不是很强烈，他可能就会说"不是"或者"我就随便看看"。这样，这笔生意就会有一半以上做不成的概率。而你用二选一法则向顾客提问："您是想买现代衣柜还是欧式衣柜呢？"顾客往往会顺着你的思路回答问题。

二选一法则通常用在了解顾客信息和促使成交两个阶段。我们来分析一下销售人员是如何灵活运用这个法则引导客户，从而把行动的主导权牢牢掌握在自己手上的。

1. 了解咨询阶段

"您喜欢布料的还是皮质的？"

"您看的这款，是准备自己用还是送给他人？"

"您觉得这个颜色好还是刚才那个颜色好？"

"您买笔记本电脑是用来办公还是玩游戏呢？如果您办公使用，我推荐您购买这款，待机时间长，轻薄便携；如果您用来玩游戏，我推荐那款，配备高端独立显卡，散热也很棒！"

在了解咨询阶段，销售人员实际上已经圈定了两个答案，只等着客户来选择。在这个过程中要注意，提供给客户的选项都应该是对自己有利的，且是与客户关联度高的选项。提出的选择不要太多，否则会使顾客陷入难以抉择的境地。

2.　促进成交阶段

"今天我们有活动，满2000赠送豆浆机或电饭煲，您看您是要豆浆机还是电饭煲呢？"

"是让我们的师傅明天给您安装还是周末安装？"

"您是用现金还是刷卡？"

在成交阶段，要特别注意不要用"买"字，这样客户就会觉得这是自己在选择，有一种自己掌握主动权的感觉。另外还有支付方式的选择，送货和服务方式的选择，都是促成交易的好方法。

不过需要注意的是，并非所有的顾客都吃这一套，对于那些态度坚决、非常有主见的顾客，尽量少使用二选一法则。

知识小链接

　　二选一法则也称惠勒秘诀，它是由犹太裔销售训练师艾米尔·惠勒最先提出的。二选一法则其实很简单，惠勒本人对此是这样解释的："我们和客户约定见面拜访时，恰当的方式是使用二选一法则。即提出两个见面的时间，让客户从中选择，不问客户有没有空，而问他们哪个时间有空。你可以问客户：'请问您是今天下午有空还是明天上午有空？'这样迫使客户在既定的两个选项内做出选择，进而使其朝着有利于自己销售的方向一步步迈进，最终实现成功销售。"

BYAF策略：给对方选择的权利

> 　　说服的关键，就是要尊重并且利用对方的自主性，使其从自身角度出发，心悦城服地接受我们所希望其接受的观点。
>
> 　　　　　　　　　　　　　　　　　　　——马东

　　研究发现，在主持募捐活动时，主持人经常在故事的结尾说这么一句话："当然，捐与不捐纯属个人意愿。我希望大家不要有任何压力。"结果你发现了吗？这句话仿佛有神奇的魔力，主持人越是这样说，捐款的人就越多。实际上它运用了一种几乎所有情境都适用的说服技巧——"But You Are Free（你有选择的权利）策略"，简称"BYAF策略"。

　　心理学家做过这样一个实验。实验人员分成两组在卖场中随机寻找受访对象，其中一组礼貌地询问受访对象："您好，不好意思，请问可以借我一点儿零钱搭乘公交车吗?"（听起来非常像诈骗集团的伎俩）另一组则说:"您好,请问您能借我一点儿零钱搭乘公交车吗?当然给不给是您的自由。"实验结果发现,前一组借到零钱的成功率只有10%;而加上后面半句话的另一组,其成功率达到了47.5%。

后来,来自西伊利诺大学的研究团队进行了有关心理学的若干研究,验证了BYAF说服技巧。他们表示BYAF技巧虽然看上去很简单,但非常有效,平均可以使别人接受请求的概率提高一倍。而且在沟通的过程中给对方自由选择的权利,更有利于说服对方。

BYAF策略,简单来说是这样一个说服过程:当你需要对方为你做一件事时,如果你在提出请求之后,再加上一句"但是你可以选择做或者不做",就会大大增加说服的成功率。

BYAF策略之所以有效,主要有三点原因。第一,选择权会引发对方拒绝后的愧疚感。言外之意就是"既然你都这样说了,我再拒绝的话岂不是很不给你面子。"第二,降低被说服者的自由被威胁的程度。人们不喜欢被剥夺自由选择的权利,如果你进行硬性说服,对方很容易产生抗拒心理。相反,如果你主动给对方提出选择,则会减少对方因被要求而产生的不悦,自然也会更愿意接受意见。第三,强化内在归因的可能（将行为归因于自愿）。当对方拥有选择的权利,并且在没有压力的情况下做出决定时,他会意识到这个决定是发自内心的,并非被外力胁迫而产生,进而服从的可能性也会大大提升。

　　BYAF说服策略的一大优点是既简单又灵活，它可以很方便地与其他说服技术相结合。在实际生活中，很多时候会用到这种说服策略。现在假设一个场景：你打算给自己办张健身卡。A健身房的销售在听完你的想法后要你立马办卡，而且坚持要送你个很丑的健身包。B健身房的销售讲了自己家和其他家的利弊后说："当然，选择权在您手上，我们要做的就是尽量提供最好的服务。"如果是你，你会被哪种说辞打动呢？

　　现在我们来换一下角色，从说服者的角色出发来体验一下BYAF说服策略。假设这样一个场景：今天是个好日子，美美的一顿烛光晚餐过后，谁刷碗成了问题。你慵懒地躺在沙发上不想动，这时第一种话术是这样的："拜托，把碗洗了，好不好？"或是这样说："你到底要我讲几次才能把碗刷了啊？"而BYAF策略是这样的："如果你可以帮我把碗刷了，那会让我很开心。当然，你也可以不这么做。"你觉得哪种说辞会让对方更主动、更乐意去刷碗呢？

知识小链接

　　如果一味地剥夺对方选择的权利，要求对方做这做那，就很容易引起对方的反感。相反，如果把权利赋予对方，让对方有得选，对方就更容易接受你的说辞。这便是BYAF策略的奥妙所在。

　　现在假设你是某电话推销员的上司，你的下属在一天之内被挂了99次电话，这使他备受挫折。这时你会怎么利用BYAF策略来鼓励你的推销员，要他不要放弃，振作起来呢？把你的想法写在下面的横线上。

答案：我在做电话销售的时候，最惨的一次一天之内打了200个电话，然而能友好接听的不到三分之一。当时我万分沮丧，就像现在的你一样。但是我明白，生气、沮丧不是解决问题的方法，如果我想继续这份工作，就必须找到解决问题的方法。所以我想告诉你的是，找到方法永远比发脾气更有意义。当然，至于怎么做那是你自己的选择，因为你有为自己负责的权利。

说服时多用"而且"少用"但是"

> 我本来是一个笨嘴拙舌的人，但自从明白"措辞是有谱可循的"这个道理以后，我的人生就有了天翻地覆的变化。
>
> ——佐佐木圭一《所谓情商高，就是会说话》

有一位企业家为参加一个重要的活动写了一篇演讲稿，但是企业家怕自己写得不妥，所以请一个编辑朋友帮忙提意见。刚开始的时候，企业家很谦虚地听着朋友的意见，但是当朋友指出一些逻辑上的错误的时候，企业家有点儿不高兴了，紧跟着一个"但是"，就开始大谈自己为何这么写。讲到后来，每当朋友指出一处错误，企业家就用"但是"打断。最后，朋友拂袖而去，甩下一句话："你有那么多'但是'，其实一处都不想改，还来问我做什么呢？"

在实际生活中，这样的例子比比皆是。比如，你对同事说："你这个方案不错，但是还有些地方要改进。"再比如，你对顾客说："我们的东西是有点儿贵，但是我们的品质好啊，我们的服务也好……"太多的"但是"，不仅没了缓冲功能，还让你之前的铺垫变得虚伪，让你后面直抒胸臆的表达变得尖酸。

在我们的日常生活中，存在大量需要我们说服别人的情境。在短短的一天里，我们可能就有意无意地进行了好几次说服性沟通。在说服时尤其应少用"但是"这个词，否则很容易使我们的沟通走进死胡同。相反，如果把"但是"换成"而且"或"同时"，则不容易激起对方的对抗情绪。

姗姗找了一个男朋友，男朋友对她很好，但是收入不是很高。姗姗把二人想结婚的事告诉了妈妈，没想到遭到了妈妈的强烈反对。

场景一：

妈妈："我认为男人要有一定的经济基础。"

姗姗："是的，但是我觉得两个人的感情更重要。"

妈妈："感情固然重要，但是最终还是顶不过柴米油盐酱醋茶，将来没钱供孩子读书怎么办？"

姗姗："那些是以后的事，总会有办法的。但是如果不考虑感情，结婚还有什么意义呢？"

……

结果母女俩谁也说服不了谁，不欢而散。

场景二：

妈妈："我认为男人要有一定的经济基础。"

姗姗："对的，而且要是有深厚的感情基础就更好了。"

妈妈："感情可以慢慢培养，我和你爸还不是这么过来的。你考虑下我给你介绍的那个小伙子吧！"

姗姗："我会考虑的，同时您也要考虑下，是让两个人相爱容易还是让一个人变得有钱容易呢？"

妈妈："好吧，你说的也有道理，我再想想。"

这场友好的谈话引发了妈妈更多的思考，最终妈妈尊重了女儿的选择。

结果很明显，在场景一中，母女俩都想要对方认同自己的想法，但是因为一味地"但是"，结果谁也无法说服谁。这种说法最大的问题是太过强调自己的立场和观点，会让对方觉得你是在全面地否定他。而场景二中的女儿很聪明，她知道自己说服妈妈很困难，于是用"而且"和"同时"连接妈妈的观点和自己的观点，赢得了妈妈的理解。

　　说服本来就是一个观点对立的过程，一味地用"但是"强调自己的观点很容易使沟通陷入僵局，甚至双方都会失控，这时再进行和平沟通就比较困难了。而如果把"但是"换成"而且"或"同时"，言辞上的冲突就不那么强烈了。

　　"但是"是转折，"而且"是递进，一词之差，效果完全不同。看来用词对于提升沟通技巧是很有帮助的，少说几个"但是"，会让说服的过程更加顺畅。

知识小链接

　　所谓说服力，指的是说话者运用各种可能的技巧去说服受众的能力。在说服过程中，需要说服者运用强大的逻辑去组织精练的语言以达到说服的目的。精练的语言包括一些具有说服力的词语。1979年，耶鲁大学心理学系的专家们公布了12个在广告中最具影响力的词语："你""发现""爱情""成效""自由""财富""安全""保证""新颖""节省""健康""被证实的"。下面举两个例子：

　　1."你"

　　在最具影响力的词语里，"你"排名第一。多用"你"，能让对方感到被尊重，同时增强说服的分量。比如很多商家在推销商品时都会以"你"来开头，诸如"你还在为×××烦恼吗"系列。

2."保证"

生活中很多事不可预测，所以人们普遍缺少安全感。"保证"一词可以增强人们的信任度，让其更快地做出决定。比如在洽谈时说："如果你答应，我保证在约定的日期内完成任务。"

"6+1"成交法：一开口就让对方说"是"

> "是"的反应其实是一种很简单的技术，却为大多数人所忽略。
>
> ——戴尔·卡耐基

哈理·奥维屈在《影响人类行为》一书中说："一个'不'字所造成的连锁反应是最难克服的障碍。当一个人说'不'字后，为了保持人格尊严，他就不得不把自己的观点贯彻到底。即便最后发现是自己错了，但出于自尊，他已无法回头。"

一旦对方说了"不"之后，你会发觉自己很难再重申自己的立场。所以在说服他人时最好的方式是从一开始就引导对方说"是"。一开口就让对方说"是"其实是一种很简单的说服话术，但是经常被人忽略。而且也有人认为，从一开始就提出相反的意见会让交谈无法进行下去。但在现实生活中，这种话术既简单又好用。来看下面的例子。

　　一位推销员在一小区内推销跑步机，当他按响一户人家的门铃后，一位先生来开门。销售员礼貌地询问："请问您是这家的主人吗？"

　　"是的，请问你是？"

　　"先生，您好，我们正在这个社区做一些有关健康的调研，相信您对健康问题也十分关注吧？"

　　"是的。"

　　"那么我可以打扰您几分钟问几个问题吗？"

　　"当然。"

　　"您相信运动和保健对身体健康的价值吗？"

　　"是的。我相信。"

　　"如果我们免费在您家里放一台跑步机，请您试用，您能接受吗？"

　　"当然可以。"

　　"那么我可以进来给您介绍一下这台跑步机的使用方法吗？两个星期之后麻烦您在回执单上填上您使用的感受，因为我们想通过这项调查来看看我们生产的跑步机用起来是否方便。"

　　"好的，您请进来吧！"

　　"如果您的朋友来到家里看到这样炫酷的跑步机并十分感兴趣，您能帮忙把我们的联系方式告诉他们吗？"

"没问题。"

两个星期后，这家房子的主人主动给销售员打电话订购了一台跑步机。

这位销售员正是一开始就让对方说"是"，然后让对方的观点不断向自己靠拢，最终成功地说服了对方。心理学家发现，人的思维是有惯性的，当你连续问对方六个问题，对方都做出肯定回答的时候，你再问对方第七个问题，对方也会很自然地回答"是"。对此，一些人将其总结为"6+1"成交法。

不过，让对方一开口就说"是"显然不容易办到。苏格拉底强调，在与人辩论时，最好不要硬碰硬地去讨论分歧的观点，而是应该找到双方的共同点，再慢慢取得一致。所以，在说服他人时，我们可以先提出一系列确定无疑的问题，这些问题相当于彼此的共同点，会更容易让对方做出肯定的答复。

比如，当你在销售机器设备时，你可以这样说，"您是否认同生产率是提高效率的主要因素""考虑到当前市场的情况，您是否认为技术改革会有利于生产出符合需求的畅销产品""以前你们技术革新对你们有帮助吗""如果引进一批新设备可以提高你们的生产率，这样是否会增加贵公司的竞争力呢"，等等。

当然，运用这个方法要求我们有准确的判断能力和敏捷的思维能力。每提出一个问题都要认真思考，否则稍有不慎，就会让人感觉陷入了套路当中。

知识小链接

　　"6+1"成交法其实是将对方慢慢引入催眠状态的问答法。人的思维和语言有一种惯性，只要预先准备好几个能让对方说"是"的问题，再将主要问题提出，就能引导对方说"是"。下面根据给出的例子，总结几个容易获得肯定答复的问题。

　　例句："您是否认同高效率的生产率是提高效率的主要因素？"

　　我的总结：

　　答案："贵公司是否会考虑延长机器的使用寿命？"

　　"您公司的电脑是否会偶尔死机呢？"

　　"我了解到，贵公司的产品在春季时销售情况更好，是吗？"

　　"我想您也十分关注产品的转化率问题吧？"

和老板意见相左时不要"见火就扑"

> 你不能强迫别人同意你的意见，却可以用引导的方式，温和而友善地使他屈服。
>
> ——林肯

从本质上讲，说服老板和说服其他同事差不多，但由于老板所处的位置不同，他决定着你的薪资水平。所以你有理由对他保持一定的尊重和敬畏，在说服老板时应当小心谨慎，不要"见火就扑"。

什么是"见火就扑"？简单来说就是每当你和老板有不同意见的时候，你总是急着否定老板的想法，在大方向没有达成共识的情况下去解释细节。这样做并不能让老板改变他的想法或决策，反而会让你陷入"解释—被批评—再解释—再被批评"的恶性循环中。

小孟在和老板讨论App客户转化率的问题。

场景一：

老板："最近市场竞争比较激烈，同类产品层出不穷，所以有老客户流失的现象。小孟你来跟进一下，看怎么才能提升老客户的留存率。"

小孟："老板，咱们目前的老客户留存率都70%了，已经是行业内做得比较好的了，再提升也提不上去多少，完全没必要。"

老板："70%就算高了吗？同行有80%的。"

小孟："80%是个别案例，大多数企业都停留在60%；反而我们新客户的转化率才2%，我认为接下来的工作重点是发展新客户。"

老板："小孟，我们应该向好的企业看齐，怎么能拿不好的企业做比较呢？虽然提升老客户的留存率比较难，但是我们应该迎难而上、力争上游，而不是遇到问题就找借口。"

场景二：

老板："最近市场竞争比较激烈，同类产品层出不穷，所以有老客户流失的现象。小孟，你来跟进一下，看怎么才能提升老客户的留存率。"

小孟："嗯，提升老客留存率的确很重要，很多企业在这方面都很用心。但是我还有一个建议，想和您探讨一下。"

老板："说来听听。"

小孟："目前我们这款App老客户的留存率已经70%了，如果继续提升的话肯定要花不少精力和资源；而新客户的转化率才2%，只要稍微增加一点儿投入就可以带来很大的增长，所以您看我们是不是可以尝试一下？"

老板："嗯，你这个思路不错。这样吧，你尽快给我一个更具体的方案，然后我再看看。"

两个场景都是提建议，却产生了截然不同的效果，关键在于采用了不同的说服话术：场景一中，小梦和老板在方向性的问题上产生了差异，面对老板安排的任务一味地表达自己的反对意见，这时老板首先想到的是教育批评，而不是听取意见；场景二中，小梦先让老板感受到自己和他的方向是一致的，接着在这个前提下提出自己的建议，老板欣然接受了。

在职场中，不同意老板的意见是很危险的。但是如果你的老板执着于一个轻率的想法，而你却没有指出来，这也是不可取的。那么，到底该不该说？当然应该说，只不过不要直接反对上级，而要帮助他们考虑其他可行性方案。比如从新的角度来看待现状，或通过不同的方式来实现目的。这样做的好处有两个：一是可以让对方放下抵触心理；二是有利于达成共识，解决问题。

通过下列方法，你可以理性、安全地帮助老板打开思路、解决问题。

1. "是的，不过……"

当善变的领导想要猛踩油门的时候，你应该担负起踩刹车的责任，以免因为错误的决定而给公司造成巨大的损失。不过，在表述看法的时候，一定不要直接说"不行"，而是应该这样说："是的，我们可以做到，不过可能产生的结果是……"

2. 问一些问题

对于老板的任何决策都不要直接提出异议，因为从某种角度来讲，会让老板觉得你是在挑战他的权威或是在怀疑他的决策能力。相反，你可以问一些问题，帮助老板仔细考虑他的想法，询问他的根本目标。当你知道他想要达到一种什么样的结果的时候，再和他讨论能帮他达到目的的其他途径，这时他会更容易接受。

3. 选择恰当的时机提议

在一天当中，刚上班时，老板会因事情多而非常繁忙；到快下班时，老板又会感到疲倦。显然，这都不是提议的好时机。那么，什么时候比较好呢？通常来说上午10点左右比较合适。还有一个较好的时间段是在午休结束后的半小时内，因为这时老板经过了短暂的休息，可能会有更好的体力和精力，比较容易听取别人的建议。

4. 重新组织意见

当你和老板陷入僵局的时候，不要争论。你可以告诉他你需要时间认真思考一下他的想法，借此你还可以冷静一下，等到回来的时候再提出一个新的方案。这种表明自己在倾听和学习的态度，有助于产生新的替代方案。

知识小链接

所谓"知己知彼，百战不殆"，要想在给老板提意见时不吃亏，首先要了解老板是什么样的人。

首先，对于老板来说，时间就是金钱，而且老板的时间永远不够用。所以尽量把你的意见精简，以免耽误他的时间；其次，老板大多没有耐心，老板是看重时间的人，如果你浪费了他的时间，他自然会表现得不耐烦，再加上你的提议跟他的想法相反，老板当然会坐不住；最后，老板更关心结果和目标，老板的目标感都很强，对于他们来说结果往往比过程更重要，所以在提建议时一定要清晰明白，不要抱着细节不放。

CHAPTER

08

带着情绪说话，一言不合就起冲突

当对话节奏太快时，对话双方很容易发生情绪躁动，从而带着情绪说话。但是作为当事人，人们往往注意不到这种状态，反而认为自己的情绪既合理又正确。结果使沟通陷入僵局，还可能引起冲突。在对话过程中，不朝对方撒气是最基本的修养，不带着"炸药包"说话是基本的理智。把情绪和对话调整到最佳说话状态，才有利于沟通。

用"垫子"技巧缓解对话紧张

> 养成一种习惯，给别人加一个垫子。
>
> ——孙路弘《说话就是生产力》

《说话就是生产力》一书中介绍了四种说话武器，其中"垫子"是一种十分容易上手且能缓解沟通过程中对抗情绪的沟通技巧。什么是垫子？垫子是垫在屁股与硬板凳之间的一层缓冲体，它的作用是可以使坐的人舒服，同时还能保护凳子面。在沟通过程中，垫子就相当于这样一层缓冲体，既能避免生硬的一问一答造成的对立情绪，又能为自己赢得宝贵的思考时间。

"你的这个问题问得很好。"这种最常见的"垫子"你一定不陌生，不过真的是问题问得好吗？或许是，或许不是，但是不可否认的是，几乎所有人都喜欢这种客套的说辞。

　　一位客户在买车后的第二天突然发现车顶有一道划痕。这位客户很生气地来找商家理论。

　　场景一：

　　"车顶的划痕是怎么回事？"客户指着车顶的划痕，气势汹汹地问。

　　"这肯定不是我们的问题，肯定是您不小心在哪里划着了。"销售人员开始推脱责任。

　　"我昨天下午刚提的车，哪里都没去，怎么会划着？"客户表示很生气。

　　"您不是开回家了吗？说不定被树枝划了。"

　　"什么树枝，我看你们就是想抵赖……"

　　场景二：

　　"车顶的划痕是怎么回事？"客户指着车顶的划痕，气势汹汹地问。

　　"您真是细心啊！不过您是什么时候发现这个划痕的呢？"销售人员态度和善地回答。

　　"今天早上擦车时看到的。"客户的态度稍稍缓和了一些。

　　"看来您还真是位爱车人士呢。说实话我理解您现在的心情，刚买的爱车却发现有瑕疵，搁谁心里都不痛快。不过我们这边每卖出一台车都有专业的人员检查，我可以带您看下昨天的检查记录。"

"这个记录能保证你们卖出的每台车都没毛病吗？"

"先生，您这个问题问得好。我们这里有监控录像，我们看一下监控就知道了。"

"这样啊，那我们看一下吧，或许真是我这边的问题……"

面对客户的指责，场景一中的销售人员极力推脱责任，辩解不是厂家的问题，使得沟通立即僵化，结果可想而知。而在场景二中，销售人员用了几个"垫子"技巧，肯定了对方的态度和立场。比如"您真是细心""您真是位爱车人士""您这个问题问得好"。正是这几句话，缓解了沟通僵局，给了客户更多理性思考的时间，从而提供了更多的信息，而不是立刻陷入"你问我答"的僵化沟通。

在沟通中，"垫子"承担的是化解问题、转化矛盾的作用。如果将人们大脑的思考比作CPU，那么普通人就只有一个CPU，而加一个"垫子"就相当于有了两个CPU，一个用来思考问题的答案，一个用来肯定对方的问题。所以"垫子"大致分为这三类。

1. 赞美垫

所有人都喜欢赞美，在沟通过程中肯定对方提出的问题，称赞对方的态度，可以缓冲对话过程中的冲击性与对抗性。例如，"你这个问题问得真好""只有你这样的人才能提出这样的问题""你这样问，一定是经过认真思考的"……

2. 共性垫

所谓"共性垫"，就是把问题普遍化，肯定对方提出的问题有代表性。这样做的好处是可以降低对方对讨论问题的挑衅性。例如，"你这个问题问得太好了，很多人都问过我这个问题""你这个问题很有深度，这可是在MBA的课程里才会涉及的""你的这个问题很具有代表性，很多人都有这样的疑问"……

3. 示弱垫

示弱是一种以退为进的战术。通过示弱，会给人一种谦虚的感觉，并且由于人们天生对弱者有一种同情的心理，所以示弱会降低对方言语的攻击性。例如"哎呀，这个问题你可真把我难住了""你的这个问题我要认真想一想才能回答你""你的这个问题好难啊，我试着回答吧"……

知识小链接

在平时要养成储备"垫子"的习惯，这里是一些常见的"垫子"的总结，记住并运用它们。

1．赞美垫

（1）"你这个问题问得好专业啊。"

（2）"到底是专业人士，问的问题都不一样。"

（3）"一看就是专家，直指问题实质。"

（4）"你这样问，看得出来一定是经过认真思考的。"

（5）"你能这样问，说明你理解了。"

2．共性垫

（1）"你的这个问题很有代表性，之前也有人问过。"

（2）"这个问题我之前在知乎上看到过，是这样说的……"

（3）"我记得当初乔布斯也问过同样的问题。"

（4）"你这个问题好有深度，我只在×××看到过。"

3．示弱垫

（1）"在这个问题上，说实在的我没什么发言权，不过我还是讲两句自己的见解吧！"

（2）"这个问题着实难倒我了，我只说说自己的看法。"

（3）"这个问题我要认真想一想才能回答你。"

（4）"如果我说不好，请大家多担待。"

别让你的舌头抢先于你的思考

> 别让你的舌头抢先于你的思考。
>
> ——德谟克利特

学者约翰·R.斯托克在他的《真实对话》中提到了一个概念——"不可谈论之事"，那么什么是"不可谈论之事"呢？他解释说："我们将自己想到、感受但不说出来的一切称为'不可谈论之事'。同样，我们也有一个外在的声音，其包含我们说出来的一切。因此，我们总是在进行着两个对话：一个对话是在我们的脑海里，另一个对话则是出自我们的口。"

聪明人都善于区分内在的声音和外在的声音，在开口之前把要说的话在大脑中过一遍，以免祸从口出；而有的人说话则从来不过脑子，总是将"不可谈论之事"脱口而出，结果一开口就得罪人。

中午休息的时候，同事们都在讨论冬天来了要买短靴的事，甲同事说她在淘宝上看的某个牌子的短靴才三百块，比专柜要便宜很多，而且看起来还不错。这时乙同事接过话茬说："买靴子还是亲自去试试比较好，毕竟网购回来如果不合适还得换，这样多麻烦。"其他几个同事也附和着。

突然乙同事话锋一转，对正在刷微博的小英说："小英，前几天你不是在专柜买了双靴子吗？怎么样啊？"

"喏，现在穿的就是。"小英指着自己穿着的靴子。

"多少钱啊？"乙同事打量了一番问。

"打完折七百多吧。"

"这么贵，给我一百块都不要。"

听同事这么说，小英的脸色立马难看了起来。

生活中我们总会遇到这类人：想起什么说什么，从来不管别人的立场与感受，往往冷不丁的一句话就让所有人陷入尴尬，喜欢给人泼冷水，还自认为性格直爽、心直口快。

还有一些人说话总是很随便，由着自己的性子来。比如遇到着急的事情就火冒三丈，胡言乱语；遇到好的事情就得意忘形，信口开河；遇到不顺的事情就大发雷霆，中伤别人。

为了避免舌头抢先于大脑思考，在开口之前要做到三思而后说，即在说话之前先问自己三个问题（适用于比较正式的场合）：

（1）我说这句话有没有依据？

（2）我说这句话可能会带来什么效果，有没有用？

（3）我说这句话是出自善意，还是为了引起注意，表现自己？

如果是平时聊天，可以在说话前给自己一个心理暗示，先暂停三秒，这三秒钟足够给予大脑转弯和反应的时间。如果在说话的过程中意识到自己要说错话了，则要尽量放慢语速，从而多争取一些时间改善措辞。

知识小链接

说话不过脑子又不自知，从心理学角度讲，是缺乏元认知能力的表现。所谓"元认知能力"，指的是人们对自己思考过程的洞察、理解、分析和再造。而如果缺乏这种能力，就相当于缺乏一种分析自我的能力。这就是那些说话不过脑子的人往往浑然不觉的原因。

锻炼元认知能力大致要经过以下几个过程：

（1）先从别人那里知道自己说话不过大脑的事实。

（2）知道了自己说话不过大脑，但往往事后才发现。

（3）反复思考怎么去解决这一问题。

（4）找到解决方法，比如开口之前先沉默几秒。

（5）最终得到一个比较满意的效果。

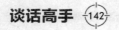

有效沟通：让吵架吵得有意义

> 好的爱情原是两个独特的自我之间的相互惊奇、欣赏和
> 沟通。
>
> ——周国平《爱的五重奏》

在爱情的争执里，没有人会抱着"今天我想吵架"的心态去解决问题。相反，在情绪没爆发之前，两个人都会抱着一种"我要和平"的橄榄枝心态去解决一些小问题。但是万万没想到，几句开场白之后，情绪突然爆发，有些话很容易脱口而出："你怎么天天只想着自己？""你只关心你自己，从来都没真正关心过我！""一天到晚就知道打游戏，游戏重要还是我重要？"

亲密的关系之间不可能没有摩擦和矛盾，而且越是相互依赖，冲突就越可能发生。但是吵架其实也是一种沟通，至于怎么在争吵中有效沟通，来看下面的例子。

丈夫回到家后脱了鞋没放好，就一头扎进了沙发里。

场景一：

"去把鞋子放好，说了几次了，总是不听。"

"你看到了顺手放好不就完了吗？怎么这么啰唆，烦死了。"

"这就嫌我烦了？以前谈恋爱的时候你可不嫌我烦，现在嫌我烦了啊。"

"拜托，我今天上班已经够累了，你就不要无理取闹了。"

"我无理取闹？你如果把鞋子放好我能说你吗？就你上班累，我不上班吗？不收拾家务吗？整得跟你一个人上班似的。"

"打住，我错了行不？"

丈夫起身走到玄关把鞋子放好，随后回了自己的房间。

场景二：

"你刚刚鞋没有摆好，我挺不高兴的。"

"只不过是顺手的事儿，我总是摆不好。"

"你说'我总是不摆好鞋'，我觉得有点儿烦，你是真的摆不好吗？还是懒得摆？"

"你今天怎么这么啰唆？"

　　"因为我很累，不光要烦工作上的事，还要每天提醒你把鞋子放好。"

　　丈夫没有说话。

　　"而且我发现最近你有些忽略我，这让我有点儿难受，我希望你能多关心我一些。"

　　"对不起，可能是因为工作太忙了，而且最近工作上出了一点儿问题。"

　　"为什么不和我说呢？"

　　妻子倒了两杯水走了过去。

　　我们来分析一下这两个场景。首先，在第一个场景中，虽然争吵以丈夫的让步而告终，但是在这场争吵中其实没有胜利的一方。作为妻子来讲，她需要丈夫的注意和关心，但是她不知道怎么去表达。比如她提到自己说了好多次把鞋放好这件事，事实上是希望自己的话语被重视；她提及恋爱时丈夫的不嫌弃，是想告诉对方要始终如一。但是偏偏她想表达的都没有好好地表达出来，而是以争吵的方式呈现的。而对丈夫来说，整个过程充斥着愤怒的情绪，虽然最后自己做出了让步，但是其实是把负面情绪压到了心底。

　　然后我们来分析第二个场景，在这个场景中妻子只陈述了一件事："你刚刚鞋没放好，我挺不高兴的。"这就比刚才的抱怨变得更柔和。而当丈夫问及"今天怎么这么啰唆"时，妻子没有像场景一中那样马上反驳，而是解释自己情绪不好的原因，进而获得了丈夫的体谅，为后续沟通解决问题奠定了基础。

　　为什么在矛盾发生时，很多情侣或夫妻之间的沟通是无效的？原因就在于很多人把吵架当成了一种情绪的发泄。其实，当负面情绪来临时，我们首先要做的应该是思考，比如想一想自己真正不满的是什么，是眼前的事还是别的？思考一下想要达到怎样的沟通效果。

　　接着在沟通的过程中陈述眼前的事，这时要注意两个问题：一个是切忌翻旧账，以免激化矛盾；另一个是在言辞方面尽量少用问句，多用陈述句。做到这两点就可以保证事态不会升级。

　　在陈述事实之后，接下来是要表达自己的期望和诉求，记住这时切忌使用命令的语气和句式。比如你的他（她）正忙着工作，你时不时打扰一下，结果引发了争吵。你要搞清楚你并不是因为这个事而争吵，而是因为没有得到对方的回应和情感连接。搞清楚这一点之后，你可以这么说："我知道工作对你很重要，但这也常常让我感觉到被忽略，所以我真的很难受，希望你能多关心我一下。"

知识小链接

　　一个很有意思的现象是，很多人在生气的时候喜欢给对方"扣帽子"，即夸大或者歪曲事实。举个例子，男朋友因为工作的关系没能陪伴女孩儿，女孩儿生气了，抱怨说："你从来都不关心我，你一直都是这样……"

　　请注意，这里用了两个相当不客观的词语："从来""一直"。该怎么理解这种心理呢？其实，人们在生气时通常处于一种想要证明自己的价值或是说服他人的状态，这时他们会想到一些绝对化的词语，比如"从来""一直""总是""几乎"等。这就好像是人们在发表意见时会不自觉地提高嗓门一样。不过，这样做很容易让人觉得是在添油加醋、夸大事实，进而增加冲突的可能性。因此，说话的时候尽量要从客观的角度讲，尽量避免把想象当成事实来表达。

闹矛盾时不要把话说绝

> 没有人喜欢让步。每个人都希望自己的要求能在谈判中获得最大程度的满足。但有趣的是，几乎没有人能单靠出价而谈成一笔交易，所有人都是靠着成功的让步策略来让对方点头的。
>
> ——马薇薇，黄执中，周玄毅《好好说话》

弯弓射箭，弯过头了，"啪"——强弓断了；气球充气，充太满了，"嘭"——气球爆了。《周易》中有这样一句话："物极必反，否极泰来。"意思是说，事物发展到极端就会朝相反的方向转化。其实说话也是如此，如果把话说得太绝，就很容易爆发冲突，让自己毫无回旋的余地。

俗话说："人情留一线，日后好见面。"在产生了矛盾之后，不要把话说满、说绝，给对方留下情面，为自己留条后路，这样人际关系才能长久。

　　小罗所在的设计小组正在赶一个设计方案。为了赶进度，小罗忙得焦头烂额，甚至把自己吃饭、休息的时间都搭进去了。不过，最让小罗心烦的是同组的小张，因为两个人是合作关系，小罗做好设计方案后，小张再做3D建模。因为时间比较赶，小张简直成了催命阎王，从前天到现在，一直在催小罗拿出设计方案。小罗已经解释过了，这次的项目不仅工程量大，而且客户要求刁钻，自己已经忙得晕头转向了。

　　面对小张时不时的催促，小罗感到心烦气躁，再加上设计方案一直卡壳，最后终于爆发了："催催催，有完没完？有本事你来弄！"

　　"小罗你什么意思？到时候任务完不成，看谁倒霉！"

　　两个人三言两语便吵了起来，最后小罗对小张吼道："你听好了，以后咱也别打交道了，就当不认识！"

　　"好啊，这可是你说的。"

　　后来，小张果然没有再催小罗，只在方案交接的时候传输了一下文件。这件事最直接的后果是设计方案拖得太久引起了客户的不满，两个人都受到了惩罚。

　　就这样时间过了三个月，原来的设计部主任辞职了，小张成了新领导。昔日的"敌人"突然成了自己的顶头上司，小罗无论如何也接受不了这个事实，又想起当初自己信誓旦旦说过的话，最后只好辞职了。

　　这样的例子在生活中很常见，在面对冲突、矛盾的时候把话说得太绝，让自己无路可退，结果往往是搬起石头砸自己的脚。在人际交往中，人们普遍存在着吃软不吃硬的心态，尤其是性格刚烈的人，如果你说话太硬，他可能比你更硬，而如果你把话说"软"一些，他反倒会放低姿态。

　　当然，有人可能会有这样的疑问：既然我都不再跟他打交道了，把话说绝了又怎样？其实，人的想法总是会变的，比如情侣闹矛盾时会说"我不想见到你"，然而事实上这种不见面只是暂时的，等到日后误会消除了，仍有可能在一起。如果当时把话说得太绝，一方面很伤人，另一方面可能会成为日后解开误会的一个障碍。

　　而如果在其他关系中，如同事、朋友、上下级等关系，如果把话说得太绝，以后老死不相往来的概率就会很大。把话说绝了，即使再亲密的朋友也可能和你断交；把话说绝了，即使你有能力，团队中也可能不再有你的位置；把话说绝了，即使能重归于好，也可能不会像以前那般无话不谈了。

　　因此，在有了矛盾、分歧或意见的时候，千万不要把话说绝，更不要说出"势不两立"的话。

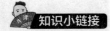 知识小链接

亲爱的读者，您订阅的早安语录已经送达，请即刻查收！

早安语录：

多一点儿忍耐，就少几次争吵；少几次翻脸，就多几个台阶。

多一些度量，就少一些伤害；少撂几句狠话，就多一些退路。

记住：说话做事留一线，日后才能好相见。

CHAPTER

09

说话容易被人误会，都怪措辞不得体

"好心当成了驴肝肺"，这是做好事却不被人接受时最常听到的抱怨，可是你想过是什么造成了这种理解偏差吗？实际上你说的话可能没错，对方的理解能力也没问题，只不过是因为措辞不当，对方曲解了你的意思。比如"你听明白了吗"这句话，在你看来没有问题，但是在他人看来往往含有指责、埋怨的味道。而如果把这句话换成"我讲清楚了吗"，就会好很多。

请求而不是命令对方

> 　　请求或建议实际上是命令的弱化，但是会收到截然不同的效果。
>
> 　　　　　　　　　　　　　　　　——戴尔·卡耐基

　　"把这份文件打印了""把我的鞋拿过来""赶紧把地扫干净""把空调打开""这是领导说的，让我找你这么做"……在人们的日常生活中经常会听到这些命令性的话语。实际上，这些强迫、要求和命令性的语气很容易伤及他人的自尊心，使人产生对抗情绪。只有在相互尊重的基础上请求而不是命令，才能给他人以尊重感，使交流顺畅进行。

　　吉姆所在的4S店修好了5位顾客的汽车，但是这5位顾客集体拒绝支付修理费，因为他们觉得账单上的某些款项昂贵而且不合理。

而事实上，在之前的沟通过程中，服务人员已经一一咨询过他们。

店主派吉姆去收这笔欠款。吉姆逐一给那些客户打电话，不过他开口不提欠款的事情，而是对他们说，他是来对公司的服务情况进行调查的。而且他表示，他并不相信之前的工作人员绝对不会出错，然后他尽量让顾客们发泄不满，而自己只是仔细地听。

等到客户的情绪冷静下来后，吉姆才说："我也觉得我们对这件事情的处理不是很恰当，为此我代表我们4S店向您表示真诚的歉意。听了您刚才的话，我为您力求公平的态度感动。那么我能请您再查一下我们给您开的账单吗？如果您有什么疑问，可以随时问我。而一旦您发现有哪个地方记错了的话，您说该怎么办就怎么办吧！"

听吉姆这样说，客户的态度完全缓和了下来，欣然接受了核对账单的请求。果然账单上出现了问题，是客户不小心把一个零件的价格弄混了。就此误会解开，客户付了欠款。后来，吉姆用同样的方式追回了其他几位客户的欠款。

为什么先前派去的工作人员没能追回欠款呢？原因是他们用合同的权威来命令顾客付款，而吉姆却正好相反，他用请求代替了命令。

当听到命令时，人们只有两种选择：服从或反抗。如果是上下级关系、长幼关系，人们会比较容易接受命令的方式，但如果是朋友之间、情侣之间或同事之间，一方用命令的语气或言辞说话，很容易引起另一方的反抗。即使你的本意是好的，对方也会听不进去。

要求、命令和强制都会引起抵触情绪，而用请求代替命令则会好很多。在生活中，如果我们不想强迫别人，就应该尽量使用请求，而非命令。

知识小链接

不是所有场合、对象都适合用请求代替命令。如果你是公司的领导，有绝对的权威，那么在布置任务时使用命令的语气可以帮助你树立权威的形象；而如果是在家里，面对你的爱人或孩子，就不适合用命令的语气说话。所以这就需要我们善于区分请求与命令的界限，根据场合和对象的不同灵活运用。马歇尔·卢森堡所著的《非暴力沟通》中给出了区分请求与命令的方法，现总结如下：

（1）请求多是问句，且语气委婉；而命令多是陈述句。

（2）当要求没被满足时，提出要求的人批评和指责，这就是命令。

（3）如果想用愧疚感来迫使对方答应自己的请求，也是命令。

（4）在对方无法满足你的愿望时，你是否尊重对方的感受和需要最能体现你提出的是请求还是命令。如果你愿意去体会是什么使对方无法说"是"，你提出的就是请求而非命令。

称呼错了，莫名其妙就得罪了人

> 　　正确的称呼能让对方对你心生好感，错误的称呼则会引发对方的误会，甚至会给对方留下不良印象。
>
> 　　　　　　　　　　　　　　　——江丰《一开口就让人喜欢你》

　　在人际交往中，"称谓"一直被看作交际的先锋官、人际关系融洽的晴雨表，虽然称谓仅仅是简简单单的几个词语，但是它是人际交往的一个重要细节，如果称呼恰当、得体，就会让对方心生好感，有利于交际的进一步发展。如果忽视了这个细节，一开口就会让对方心里感到不舒服，甚至引起对方的反感，莫名其妙地就把人得罪了。

　　一位穿着洋气的女顾客在一家专卖店看衣服，导购员热情、耐心地陪着女顾客挑选衣服，终于在试了几件衣服后，女顾客选了一件时尚的上衣，这时导购员笑盈盈地说："阿姨，您真有眼光，这件衣服可是最新款，也是最流行的呢。"女顾客听了并没有接受这份赞美，而是斜了一眼，说道："阿姨？你叫谁阿姨呢？我有那么老吗？"说完就把衣服放下离开了。

原来这位女顾客最怕的就是别人提到她的年纪，虽然年纪大了，但是穿得还是很时髦，而且不喜欢别人叫她"阿姨"。

我们可以看到这位导购员的服务态度很好，但就是因为一个不恰当的称呼而把一单生意毁了，而且还得罪了这位顾客。对于现代人来说，年龄是一个敏感的话题，尤其是女性，最忌讳别人说自己老。由此可见，千万不能随便称呼别人。

在日常生活中，无论是职场办公还是走亲戚串门，称呼错了都是一个很尴尬的问题。有礼貌地称呼别人是人际关系发展的第一步，如果第一步就没走好，不仅会把双方弄得十分尴尬，还会引起对方的反感。而如果是在职场，每一步都需要小心谨慎。如果称呼得当，有利于跟领导、同事搞好关系；如果称呼不当，职场之路也会更加艰难。

以下是两个人际称谓的小技巧，掌握它们，就相当于攻克了人际称谓这门课。

1. 根据对方的职业属性来称呼

不同职业身份的人有不同的语言习惯，比如编辑行业一般称

"×××老师"，工程类的一般称"×工"（王工、李工等），修理行业一般称"×师傅"（王师傅、李师傅等）；等等。

以对方的身份相称，比如王经理、李主任、马总监等，这样能表达出对对方的尊重。

当然，一些公司还流行以年龄大小称呼对方，比如哥、姐什么的，显得亲切，这样也无可厚非。

2. 根据对方的年龄大小来称呼

在日常生活中，一般来说，对年长者应该用尊称，如爷爷、奶奶、叔叔、阿姨、王老、吴老等；若是同辈人，则应该根据不同的关系，礼貌性地称呼他人，比如哥哥、妹妹、王哥、李姐等。

不过，要是不知道对方的年龄，最好往年轻了说，能叫"大姐"的就别叫"阿姨"，能叫"阿姨"的就别叫"奶奶"。

知识小链接

从社会经济学的角度来讲，称呼能映射出一个人的地位；从公共关系学的角度来分析，称呼折射了彼此的关系与隶属；而如果从心理学的角度来说，称呼又凝聚了彼此的距离。以李姓举例，社会关系人对李姓人的称呼就会有以下几种类别：

（1）以年纪来称呼：小李、李哥、老李。

（2）以辈分来称呼：李叔、李伯、李大爷。

（3）以职务来称呼：李主任、李经理、李总监、李科长。

（4）以社会地位来称呼：李专家、李教授、李老。

（5）以职业来称呼：李医生、李警官、李律师。

把"听明白了吗"换成"我说清楚了吗"

> 我们既要诚实、清晰地表达自己，又要尊重与倾听他人。
>
> ——马歇尔·卢森堡《非暴力沟通》

有这样一类人，在和别人沟通时特别喜欢说"你听明白了吗""能听懂我的意思吗""懂了吗"。出现这种情况无外乎两个原因：一是出于习惯性的表达，不包含埋怨的意思；二是因为自己没有表达清楚，讲出来却有一种埋怨对方理解能力差的意思。不论是出于哪种原因，这种表达方式都会引起对方的不悦，给对方造成不尊重的感觉。

在讲授完一节情商培训课后，凯丽习惯性地问了一句："大家听明白了吗？"按照往常的惯例，很少有人回话，不过这天有一位小伙子站起身来问道："我不知道您是否讲明白了，很抱歉我没有听明白。"随后也有几位学员表示今天的课程有点儿难。

面对大家突然提出的问题，凯丽觉得有点儿尴尬。而且以前自己都是这么说的，难道之前有问题的时候大家都不问吗？后来凯丽才知道，不是大家不想问，而是很多人在听到这句"你听明白了吗"之后，觉得如果说自己没听明白，无异于说自己笨、不聪明，没有哪个成年人愿意承认这一点。后来，凯丽换了一种表达方式，把"你听明白了吗"换成了"我表达清楚了吗"，结果，她惊奇地发现学员听课的热情越来越高，而且也更愿意和她沟通了。

"听明白了吗？"是表达者向倾听者丢的一个包袱，即"我已经表达清楚了，按道理来说你应该听懂我的意思了，如果你听不明白，那就不是我的问题了，而是你能力的问题，或者是你在听的时候态度不认真，没有进行思考"。在"你听明白了吗"一句中，明白不明白的责任在于"你"，跟"我"没有关系。

而作为倾听者，这时候需要勇气来承认"你表达清楚了，但是可能我比较笨或因为其他什么原因自己没听懂"这件事。显然，很少有人有这样的勇气。相反，很多人会像案例中的多数学员一样，用沉默或简单的"嗯"来应对你的提问。而此时此刻你可能误以为对方真的懂了，或者即使你知道对方有可能没懂，但是面对不积极的回应，你也没有继续沟通下去的欲望，所以沟通就出现了障碍。

而"我说明白了吗"这句话其实是把压力和包袱给了自己。

这句话的主语是"我"，"我"承担着你明白与否的主要责任。如果你听明白了，那是"我"说明白了；如果你没听明白，那可能是"我"表达得不够清晰或者不够接地气。

这样即使对方真的完全没听懂，也会从心理上做出让步，把没听懂这件事的一部分责任算到自己身上，尽管这个责任处在模糊地带，对方也会更主动地进入更深入的沟通阶段去。

知识小链接

世界上没有万能金句，哪句话在什么场合说以及怎样说都应该根据实际情况灵活运用，而不能一味地生搬硬套。比如老员工在对新员工进行培训时，为了提高讲解效率，同时树立长者形象，适合用"你听懂了吗？"

而如果是在公共场合演讲，台下不乏资历较深的长者，这时就不适合用"你（们）听懂了吗？"而是应该用"我讲明白了吗？"

让你的夸赞显得真诚且没有图谋

> 不去奉承地恭维，也不接受卑贱地赞美。
>
> ——白金汉宫书房墙上的一条格言

《幸福》杂志下属的名人研究会对人际关系做过一项研究，结果表明，人际关系是影响事业成功的最关键因素，而赞美又是人际关系中最重要的课程之一。

每个人的内心深处都存在一种最持久、最深层的渴望，那就是被赞美。但是赞美的时候要拿捏好尺度，说得太过会让人感觉你在阿谀奉承，说得太离谱又会让人觉得你不够真诚，进而影响你的社交形象。

案例一：

公司年会的时候，某经理在KTV唱歌，不过显然这位经理没什么唱歌天赋，跑调跑得厉害不说，歌词都唱错了。最后连他自己都唱不下去了，只好摆摆手说："哎呀，不行了，献丑了。"这时站在身旁的小刘马上说："唱得挺好的啊，不是原唱胜似原唱。"经理听了，不但没高兴，还很奇怪地看了他一眼，然后不冷不热地说："我还是有自知之明的。"

案例二：

阿里是一家保险公司的销售员。阿里的业绩不是很好，不过他深信赞美是打开客户心扉的润滑剂。一天早上，阿里和一位客户约定好时间见面。对方是一位四十来岁、身材肥胖的大哥。见面后阿里的第一句就是："大哥，您精神真好，四五十岁的人看起来跟二十来岁的小鲜肉一样。"可是客户听完并不怎么高兴，就这样阿里的第一单生意泡汤了。

两个例子中的夸赞均没有遵循真诚的原则，让人感觉有拍马屁的嫌疑。而且脱离实际的夸赞还是随口说出的，更会让人觉得不舒服。虽然人们都喜欢听好听的话，但并非任何赞美人们都乐意听。没有根据、虚情假意地赞美别人，不仅会让人感到莫名其妙，还会让人对你产生虚假的印象。

赞美绝不是阿谀奉承，也不是夸大事实地吹捧。对人对事的评价绝对不能脱离客观基础，那么怎么赞扬他人才会显得比较真诚且不是有所图谋呢？以下是几条建议。

1. 基于事实

任何浮夸的语言都会令人不信任。夸赞别人不是浮夸的表演，纵然你想要讨好对方，也不应该把话说得太虚假、太浮夸。相反，基于事实的夸赞才是真诚的，也更容易让对方接受。

2. 注意时机

突如其来的夸赞一般会引起对方的警惕性，觉得你有某种动机，所以夸赞要选对时机，避开敏感的时机。

比如，你不应该在见到对方半个小时之后才夸赞对方的气质、长相，而是应该在一开始的时候就说出来。再比如，在得到他人帮助时应该立马感谢、夸赞，而不是等到事后突然来一句，否则会让对方以为你要找他帮忙。

3. 夸奖要具体

如果只是含糊地赞美对方，比如"你真漂亮""你太好了""你真是个好人"之类空泛的话，会让人觉得你是在敷衍。所以在夸赞对方时要尽量使用具体的语言。

甲："你的文章写得真是太好了，我觉得非常好。"

乙："你的文章真是满满的干货，每次读起来都让人有新的体会。"

很明显，甲说的像是场面话，缺乏诚意，而乙的赞美则更具体、更容易让人接受。

4. 赞美对方的品质、能力

夸奖时要与夸奖人本身联系起来，联系到被夸奖人的性格、品质、能力等。下面两句话，你觉得哪句比较好听呢？

> 甲："你的裙子好漂亮哦！"
>
> 乙："你的裙子好漂亮，你好有眼光哦！"

5. 借他人之口夸赞

信息在传播过程中往往会被传播者人为地加工，从而发生变化。如果对方是经由他人间接地听到你的称赞，比你直接告诉他要好得多。

> 甲："你真的很有气质耶。"
>
> 乙："上次××跟我说你很有气质呢！"

知识小链接

夸赞会形成一种积极的心理暗示，这种暗示的力量有多大呢？来看一个著名的心理学实验。

1968年，心理学家罗森塔尔教授和L.雅各布森在某所小学做了一项实验。他们从一到六年级中各选了3个班进行一项名为"未来发展趋势测验"的实验。然后罗森塔尔以赞许的口吻将一份占学生总人数20%的学生名单交给了校长和任课老师，告诉他们这些学生都非常优秀。其实，罗森塔尔在这里撒了一个谎，因为这些名单上的学生其实是随机挑选出来的。但是8个月后，奇迹发生了，这些在名单上的学生的成绩都有了很大的进步，而且他们活泼开朗，自信心强，更乐于和人打交道。

注意这些对话细节，交谈过程更愉快

同样一句话，为什么有的人说了让人肃然起敬、

备受欢迎，有的人说了却遭到拒绝、处处碰壁？这里

面的差别就在于说话的细节，一句话在什么场合说，

什么时机说，该说什么，该忌讳什么，都是应该好好

拿捏的。

尽量给对方多说话的机会

> 如果聊天也分胜负的话，那么做到让对方多说话就是胜利。
>
> ——马歇尔·卢森堡

"前几天我去了一趟成都，而且我每次去成都肯定会去一家餐厅。"

"是吗？"

"那家餐厅的菜单上只有一道菜。

"是吗？"

"所以每次都只能点那道菜，而且那道菜……"

……

不论是日常聊天还是商业谈判中，像这样不管对方想说什么，都一味只顾自己说话的人不在少数。既然是交谈，就不能一个人唱独角戏，只管自己说得痛快。相反，当自己谈了对某一问题的看法时，就要有意地"打住话头"，请对方谈谈有什么想法。

刚毕业的两名实习记者去采访知名经济学家郑教授。其中一名实习记者在见到郑教授后狂倒苦水："您是不知道，为了做这期专题，短短三天我跑了十个地方。但那些学者、教授大都高高在上，不是找借口推辞就是直接拒绝。我都不想做这份工作了……"

"好了，那都是你自己的事，不好意思，我要休息了。"教授下了逐客令。

另一名实习记者也去采访郑教授，一进门是这样说的："郑教授您好，我是《阳光日报》的一名记者。我可以简单地跟您聊聊吗？"在征得对方的同意后，记者又问："听说我们主编和您约好了周末一起爬山，是吗？"

"是啊，我们这次要去五岳之首——泰山。其实之前就很想去，可是一直没有时间，这次……"说到爬山，郑教授马上来了兴致。大约十几分钟过后，感觉教授说尽兴了，记者才开始转换话题："郑教授，您登了这么多座山，挺有成就感吧？当然，您在经济管理研究这方面的成绩更加瞩目。"

"是啊，征服本来就是一件让人快乐的事。"

"那您觉得攀登事业高峰与爬山这二者之间是否有相通之处呢？"

"当然有了，爬山最重要的一点是要持之以恒，不能爬到一半就半途而废……"

"那您是如何取得这样的成就的？"

"其实这都得益于我的一位大学老师的帮助……"

就这样，随着话题的深入，这名实习记者获得了自己想要的内容，完成了采访任务。

不会说话的人往往以自我为中心，对自己的谈论多于与对方的互动。而会说话的人往往更容易照顾他人的感受，能够在交谈过程中挖掘出让对方感兴趣的话题，从而让对方愉悦地释放出自己的感情。与此同时还能从对方的话语中掌握更充分的信息，从而实现沟通的目的。

在与人交谈的过程中，如果碰到自己感兴趣的话题就没完没了，根本不给他人说话的机会，很容易引起对方的厌烦情绪。原因很简单，谈话是一项需要双方互动的活动，任何人都不愿意一味地听别人唠叨。因此，在与人谈话时，即便是一个你很感兴趣的话题，也要适可而止。相反，应当学会让出话语权，多给对方创造一些说话的机会。

比如，在谈到某一个问题时，你可以征求对方对该问题的看法，或者在谈到某一社会现象时让对方阐述见解。再比如，在一个话题谈论完之后，适当地停顿以便给对方发言的机会。如果对方对此话题没有兴趣，就必须另寻话题，以此继续维持对方听话的兴趣和谈话的气氛。

知识小链接

你身边有这样的朋友吗？聊天时只喜欢聊自己，比如每次都是你听他讲，而轮到你自己想说下自己的事时，就被岔开话题，话题又重新转移到了他身上。以下是网友的一些吐槽，加入吐槽的大军中去，并告诫自己不要犯类似的错误。

网友A："跟他讲其他人的事情，他总说他也怎么怎么样，总能自我带入，真是醉了。"

网友B："每次我想说下我的事情，她立马把话题转到她自己那里，巴拉巴拉说个不停，所以有时挺烦她的。"

网友C："我觉得很多人都不会沟通，不明白沟通是个双向的事情，而不只是一方发泄、倾诉。"

我的吐槽：

_____

_____

_____

为交谈匹配合适的时机与场合

> 你要真正地关心与你交流的对象，将他们的需要放在首位，选择在正确的时机对正确的人讲正确的话。
>
> ——乔治·汤普森

孔子在《论语·季氏》里说："言未及之而言谓之躁，言及之而不言谓之隐，不见颜色而言谓之瞽。"这句话的意思是："不该说话的时候说了，叫作急躁；应该说话的时候却不说，叫作隐瞒；不看对方的脸色变化，贸然信口开河，叫作闭着眼睛瞎说。"

从某种角度讲，掌握话语的主动权才能增强自己的说话优势。但是我们要明白，说话不是一个人的单方面行为，而是双方的交流。如果不注意说话的场合和时机，该说时不说，不该说时乱说一通，就很容易引起对方的误解，甚至反感。

案例一：

　　小A是一家公司的推销员，他每天到公司的第一件事就是马不停蹄地联系客户。可是每次交谈的结果都不理想。客户听了一会儿后，不是找借口挂电话就是直接拒绝和他交谈。为此小A很郁闷，不知道问题出在了哪里。

案例二：

　　小周对公司新试行的绩效考核方案有不同的看法，于是想找部门主任提提意见。碰巧公司周一开例会，老板因为方案中出现的问题把部门主任批评了一通，小周更觉得自己的想法是对的。一散会，小周便去找部门主任。

　　部门主任正在脸色铁青地抽着烟，看到小周进来，便问："什么事？不是什么重要的事下午再说！"小周忙说："我觉得咱们试行的方案有缺陷，对一些部门不公平，比如……""什么公平不公平？"没等小周说完，主任就生硬地打断他的话，"任何一项制度都没有绝对的公平，考虑问题要全面，不能光为自己考虑！""我不是那个意思。"小周急忙解释。"那你什么意思？你认真思考了没有就来提意见？"看到主任要发脾气了，小周赶紧退了出去。

　　为什么人们经常会把自己置于窘迫的对话境况中呢？心理学

专家佩林成立了一个以其名命名的研究机构。经过一系列研究，他发现人的情绪像钟摆一样，摆到最高点时情绪积极、兴奋、激动，也容易受他人的影响，接受他人的意见和建议；而摆到最低点时，情绪低落，容易对他人的建议置若罔闻或是产生反感。而上面两个例子中的小A和小周，均是很不凑巧地折在了对方情绪最低点的时候。换句话来说，就是选择了不当的时机。

在说话的时候，我们总是习惯性地把焦点放在自己身上，总是选择便于自己说话的时机和场合。殊不知你喜欢的表达环境未必是对方喜欢的，如果只顾着自己说话方便，而不考虑对方是否有时间、有精力、有心情，就很容易让沟通陷入僵局。

在参加棒球比赛的时候，即便你技术精湛、身体强壮，但如果你无法把握击球的时机，也无法击到来球。说话也是同样的道理，无论你所说的内容多么精彩，如果时机掌握不好，自然无法达到预期的目的。想必你也听过这样一句话："把话放在饭后说。"当你有什么事必须请求或拜托别人时，在吃完饭或是酒过三巡以后要比吃饭之前说有效得多。一方面是因为吃过饭以后，人们往往心情舒畅；另一方面，"拿人的手短，吃人的嘴软"，一旦对方接受你的一些好处，自然不会直接拒绝你。

至于如何选择合适的场合与时机，其实并没有一定的规则，主要看对话的具体情况，要凭你的经验和感觉而定。

知识小链接

几个糟糕的谈话时机：

（1）在别人兴高采烈的时候泼冷水。

（2）在别人忙得焦头烂额的时候讨论鸡毛蒜皮的小事。

（3）在别人需要静一静的时候再三要求展开对话。

（4）在别人失败的时候急着证明自己有多正确。

（5）在别人因批评而情绪低落的时候提意见。

闲谈时应注意避开对方的忌讳

> 八卦是避免不掉的，八卦是一定要的，但可以追求比较有品味的方式来八卦，而不是到处在别人背后说坏话。
>
> ——蔡康永《蔡康永的说话之道2》

巴尔塔萨尔·格拉西安在《智慧书》中说过这样一段话："千万不要忽视闲谈时的言行，说话要经过考虑。只有那些不带任何偏见色彩的，不存在个人主观意见的或者个人信仰的，不会伤害到对方的话语，才不会让你的形象受到言语的影响。"

在日常人际交往中，闲谈能增进友情，改善人际关系。但是，生活中因为闲谈而引发矛盾的现象也很常见。比如，在闲谈中没话找话说，甚至说一些涉及别人是非的闲言碎语。要知道每个人都有自己的忌讳，或是隐私，或是外貌，或是地域忌讳。如果经常口无遮拦，轻则让交流无法进行下去，重则破坏人际关系。

艾拉告诉丈夫，她决定要和好朋友玛丽断绝来往。

"为什么？她不是你最好的朋友吗？"丈夫奇怪地问。

"曾经是，因为她曾经不爱谈论别人的是非。"

"现在呢？"

"现在的玛丽嘴巴特别碎，总是在我面前说别人的一些是非，而且还都是一些鸡毛蒜皮的小事，实在是令人难以忍受。"艾拉叹口气说。

"那么她都是怎么说的？"丈夫很感兴趣地问。

"例如有一次，她看到一个朋友和比她年龄大的男朋友分手了，就说'现在的女孩子总是喜欢和比自己大很多的男人谈恋爱，这样的爱情根本靠不住'。我问她为什么，她说那样的婚姻缺乏互相理解的基础，有隔代的差距。虽然我知道玛丽的话并没有针对任何人，但是我很不高兴她这样说，因为当时我的妹妹就在和比她大很多的男人恋爱，而且玛丽也知道这件事。不知道她是有口无心还是故意这么说，总之，她的话让我非常不舒服。"

"这样确实令人讨厌，所以……"

"所以我不打算和她继续做朋友了，与其把时间浪费在听她闲谈别人的是非上，还不如和其他朋友聊一些有意义的话题。"

闲谈时不可避免地会提及某人某事，但是请不要将其当成自己的谈资。首先这是一种不礼貌、不尊重他人的行为。其次，眼见还不一定为实，更何况是道听途说来的八卦信息。也许你只是随便说说而已，但是对方很可能因为你的言论而受到莫大的压力。

所以，在闲谈时一定要避开谈论敏感的、容易引起误会的话题，不要随便开别人的玩笑，不要探听别人的隐私，不要在人后论是非。还要注意的是，在说话的时候留意对方的反应，以判断你的话题是否合适，以便适时调整。

而如果在谈话中不小心冒犯了对方，也应该真诚地道歉，然后改正。具体怎么做呢？美国学者艾尔·史威茨勒提供了一个很好的思路，他说："意识到自己正在为错误行为寻找借口时，对话高手会暂停交流，努力改变错误想法，构思正确想法。所谓正确想法，指的是那些可以引导积极情绪的想法。"也就是说，当发现自己正在为不小心冒犯对方而找借口时，一定要停止当前的交流，以免引起冲突和误会。这时要做的是努力改变想法，实现从找借口到向对方道歉的转变。

知识小链接

几种应该避免的闲谈方式：

（1）明明知道对方忌讳什么，却还是一激动说出了伤人的话。

（2）在失意的人面前大谈自己的得意。

（3）对别人的隐私有一种强烈的好奇心，并喜欢去挖掘。

（4）喜欢八卦，在背后嚼舌根，论人是非。

聪明人都会远离不必要的争论

> 天下只有一种方法能得到争论的最大利益，那就是避免争论。
>
> ——戴尔·卡耐基

在工作或生活中，当人们对某件事情发表见解的时候，总是希望别人能和自己有同样的看法，因为这样他们会得到一种情感共鸣的安慰。但是事实上情感共鸣不是那么容易发生的，你可以思考一下自己多久没有掉眼泪了，就可以得到这个问题的答案。与产生情感共鸣相反，人们往往会对同样一件事有不同的看法，这时就会产生辩论，并把争辩引向不受情绪控制的地方。

不过，争论永远没有真正的赢家，失利的一方固然倒霉，胜利的一方也很"受伤"。不必要的争论，不仅会破坏你的人际关系，还会浪费你大量的时间和精力。一个懂得保持自己说话优势的人，绝不会用争论的方式来降低自己的格调。

　　威廉·麦金莱任美国总统期间，一天，一位议员怒气冲冲地冲进他的办公室，大声指责他提出的一个议案。面对气势汹汹、出言不逊的议员，麦金莱并没有用总统的权威震慑他，而是默默地听对方在他面前叫嚷。因为他知道，现在做任何解释，都会导致更激烈的争吵。等到这位议员发泄完怒气后，麦金莱用温和的口吻问："现在你觉得好些了吗？"

　　听到总统这样问，议员的脸立刻红了。他感觉尽管自己显得理直气壮，可是跟总统比起来，感觉自己好像矮了一截，觉得自己粗暴的指责根本站不住脚。

　　看到议员有点儿窘迫的样子，总统开始耐心向他解释自己为什么要做那项决定，为什么不能更改。虽然最后这位议员并没完全听懂总统的话，但他已经完全服从了。因为他在回去报告交涉结果时对他的伙伴们说："伙计们，我忘了总统所说的是什么了，不过他是对的。"

　　面对议员的责问和反抗，麦金莱总统并没有和对方争吵，而是凭着他的自制力和耐心打了一个胜仗。试想一下，如果麦金莱总统当时没控制自己的争论欲望而和议员大吵一架，即使用自己的权威赢得了胜利，这位议员还是会从心底反对他的提案。

　　在交谈中，当遇到和别人意见相左的时候，即便你是绝对有理的一方，但若采用了争论的办法要求对方认可，也很难让对方心服口服。即使我们在口头上把对方反驳得体无完肤，但是对方在心底仍然是不服气的，所以在这场争论中，并没有真正的赢家。

林肯曾说："一个成大事的人，不能处处与别人计较，消耗自己的时间去和人家争论。无谓的争论，不但会对自己的性情有所损害，而且会失去自己的自制力。"因此，在交谈的过程中，我们一定要避免那些不必要的争论。那么具体该怎么做呢？以下是在争论即将发生时的几点思考。

1. 思考争论是否值得

在与人交谈时，争论是不可避免的，我们要避免那些无意义的、没必要的争论，对于一些有价值的、能够使自己和他人受到启发和教育的争论，应该去讨论、去争论。所以在陷入争论之前，一定要思考争论是否值得。

2. 探寻争论的实质

在争论的过程中，我们很容易受到情绪因素的干扰，从而让自己的论点失去理性。所以，一定要弄清楚自己争论的欲望到底是基于理智还是情绪因素。

3. 认真接受不同的意见

当别人指出你的错误和不足的时候，要学会虚心接受，积极改正错误；当别人的意见和你不一致时，也要耐心倾听。这在一定程度上可以避免那些不必要的口舌之争。

4. 不要急于为自己辩解

当对方气势汹汹地抛出一个带有情绪的观点的时候，不要急着去反驳对方，否则很容易陷入争吵中。客观冷静是最好的说话态度，因此，要学会冷静地听完对方所有的观点，并客观地分析和思考，尽可能地做出理性的回答。

知识小链接

在争论的过程中，一旦有发脾气的情况发生，你就要立刻做出相应的处理，以下是两个小技巧。

1. 就事论事

在争论的过程中，一定要紧扣主题，只说当前的事儿，不要翻旧账，不要岔到其他话题，以免越说越多，越说越远，越说越复杂。把简单的问题复杂化，会大大增加解决问题的难度。

2. 对事不对人

所有的语言只是在说事情本身，不要进行人身攻击，不要上纲上线，不得说"你真是不可理喻""你这个榆木脑袋"之类的话。